북한 시장이 기다리는 **한국상품 80선**

메이드 인 코리아,
북한을 휩쓸다

프롤로그

"메이드 인 코리아, 북한을 휩쓸다"

이 책은 향후 북한 진출을 희망하는 기업과 일반인에게 유용한 정보를 제공하고자 출간되었다. 외부인들에게 북한은 여전히 미지의 세계이다. 초연결, 초지능, 초융합의 물결이 전 세계를 뒤덮고 있는 격동의 4차 산업혁명 시대 인터넷조차 사용할 수 없는 유일한 국가가 바로 북한이기 때문이다. 북한에서는 외국인은 물론 북한 주민들도 당국의 승인 없이 다른 지역을 마음대로 드나들 수 없다. 미디어를 통해 우리가 간간이 접하는 북한의 모습은 언뜻 한국의 1970~1980년대를 연상시킨다. 특히 1990년대 북한의 경제위기로 발생한 대량 탈북 러쉬 현장은 국제사회에 충격을 안겨줬다. 그때의 충격은 30여 년이 지난 오늘에도 여전히 북한을 배고픔과 가난에 허덕이는 국가로 기억하게 만든다.

언젠가 한 언론에 지방에서 평양으로 원정쇼핑가는 북한 주민에 관한 기사가 실렸다. 지방에 거주하는 북한 주민이 수도 평양으로 이동하기 위해서는 '출장(여행)증명서'를 발급받아야 한다. 발급절차도 까

다롭고 그만큼 비용도 많이 든다. 그런데도 굳이 평양으로 쇼핑 가는 이유는 무엇일까. 북한에서 주민들에게 필요한 물품 유통을 담당하는 소매점은 바로 시장(일명 장마당)이다. 북한 사람들은 시장을 두고 '고양이 뿔 빼고 다 있는' 곳이라고 말한다. 그만큼 돈만 주면 지방에서도 무엇이든 살 수 있다는 얘기다. 하지만 평양제1백화점, 대성백화점, 광복지구상점 등 평양의 대형유통기관이 제공하는 것은 단순히 상품만이 아니다. 이곳에서는 쾌적한 공기와 즐거운 분위기, 친절한 봉사원(판매원), 주위의 부러운 시선 등의 가치를 경험할 수 있다. 과거 국가의 물품공급에 의존하던 북한 주민의 수동적인 소비가 오늘날 개인의 즐거움과 삶의 가치를 실현하는 능동적인 소비로 변화했음을 보여주는 한 대목이다. 우리가 북한을 다시 들여다봐야 하는 이유다.

북한의 시장화가 30여 년이 지난 오늘 전통적인 계획경제 체제에서는 상상할 수 없었던 부의 양극화 현상이 북한에서도 진행 중이다. 활발한 상행위를 통해 많은 부를 축적한 북한의 부유층이 새로운 소비 트랜드를 주도하는 반면, 아직도 옥수수밥이나 죽으로 어렵게 살아가는 사람들도 적지 않다. 그러나 분명한 것은 북한 주민의 구매력이 많이 높아졌다는 점이다. 특히 한국산 전기밥솥, 화장품, 커피, 샴푸 등 소비재들은 북한에서 인기가 높다. 1990년대 경제난 이전에는 일본산 상품이, 경제난 이후에는 중국산 상품이 북한에 대거 유입되었으나 이들 상품에 '열광'하지는 않았다. 그러나 최근 북한에 부는 한국산 제품 선호현상은 가히 '열풍'이라 불릴 만하다. 한국 상품이 인기를 끄는 이유는 물론 상품의 품질이 우선이지만, 동시에 한글사용, 같은 민족에 대한 자부심 등의 정서적 친숙함을 느낄 수 있기 때문이다.

그러나 남북 분단 70여 년, 동일 언어와 문화를 공유했던 남북이지만 <남북언어사전>을 출간해야 할 만큼 서로 많이 변한 것도 사실이다. 문화도 달라졌다. 한국에서는 너무 당연하고 자연스러운 것들이 북한에서는 비난과 처벌의 대상이 되기도 하고, 아름다움에 대한 가치도 서로 다르다. 관습과 예의범절도 변했다. 한국 사람이 베푼 배려가 북한 사람에게는 '인색함'이나 '이기심'으로 느껴질 수도 있고, 북한 사람이 드러내는 애정과 존경의 방식이 한국 사람들에게는 거부감이나 불편함으로 다가갈지도 모른다. 다행스럽게도 우리 사회에 정착한 많은 탈북민은 이러한 남북의 간극을 좁히는 데 중요한 역할을 하고 있다. 향후 남북의 왕래가 활발해지고 북한의 소비시장이 개방되었을 때 북한 시장 진출의 중요한 성공 요인은 현지화다. 현지화를 잘 하기 위해서는 '있는 그대로의 북한'과 북한의 변화를 제대로 이해하는 것이 중요하다. 이 책이 과거와 현재의 북한, 또 북한의 변화상을 느끼는 데 조금이라도 도움이 됐으면 한다.

이 책의 저자들은 한반도 통일과 남북관계, 북한의 정치, 경제, 사회, 주민 생활 등 여러 분야에 관심을 갖고 있는 탈북민 여성 박사들이다. 북한에서의 거주지, 학력, 경력도 다르고 한국에서의 정착 기간이나 경험, 하는 일도 다르다. 나이도 30대에서 60대로 다양하다. 그만큼 북한 사회를 바라보는 시각도 기준도 표현방식도 제각각이다. 그래서 오히려 평면적이고 일률적인 북한이 아니라 입체적이고 복합적인 북한을 상상하게 만든다. 그러나 한반도의 평화와 번영을 기원하고,

남북 주민 모두가 더불어 잘 살기를 바라는 마음은 똑같다. 서툴고 거칠지만, 저자들의 마음이 남북을 연결하는 징검다리, 디딤돌이 되기를 간절히 바란다.

2021년 6월

김영희, 강미진, 김수연, 정은찬, 장혜원, 현인애

차례

1부

북한에 부는 한국 패션

설주동지 패션 따라가고 싶어요

CHAPTER 1

의류

"옷이 날개다"는 말이 있다. 굶은 티는 안 나도 못 입은 티는 난다고 현대인의 삶에서 패션은 매우 중요한 요소다. 북한도 마찬가지다. 먹는 건 좀 부실하더라도 최소한 옷 때문에 체면 깎이고 싶지 않은 것이 사람들의 마음이다. 특히 김정은 집권 이후 패션에 대한 북한 사람들의 관심과 수준은 비약적으로 높아졌다. 북한식으로 표현하자면 과히 '단번 도약'이라 할만하다.

패션에서 핵심 포인트는 비싸고 유명한 브랜드를 입는 것이 아니다. 본인의 체형과 잘 어울리는 디자인을 찾고, 최신 트랜드를 따라가지는 못하더라도 최소한 장소와 분위기에 맞게 선택하는 것이 중요하다. 더욱이 '사회주의 생활양식'의 확립을 강조하는 북한에서 분위기 파악을 잘못할 경우 옷 한번 잘 못 입었다가 사회적 지탄을 받거나 심한 경우 처벌의 대상이 될 수도 있다. 최근 북한은 「반동문화사상배격법」을 제정하고 한국 영상물을 유포·시청하거나, 비사회주의적이고 반사회주의적인 문화를 퍼뜨리는 사람들에 대한 대대적인 단속과 통제에 나섰다.

> 패션에도 사상이 표현된다고 인식하는 북한에서
> 자신만의 개성을 즐기는 게 참으로 쉽지 않다.
> 그래도 '윗동네'든 '아랫동네'든 사람이 사는 곳은 매한가지,
> 엄격한 단속과 통제에도 불구하고
> 북한 사람들은 다양한 방식으로 패션을 즐긴다.
>
> 당에서 '정책'을 내놓으면 인민들은 '대책'을 준비한다.
> 나만의 개성을 즐기고 싶은데
> '사회주의 생활양식'이라는 허들이 있다면
> 그 허들을 높이거나, 피해 가는 방법이 있다.
>
> 마침 지금의 젊은 지도자는 그 허들을
> 과거 보다 높여주었다.
> 만족스럽지는 않지만, 쌓여가는 욕구불만을
> 해소하기엔 부족하지 않다.

'원수님 부부'의 모습이 처음 안방 스크린을 통해 방영됐을 때, 북한 주민들은 놀랐다. 늘 베일에 가려진 채 드러내기를 꺼렸던 가계(북한에서 최고지도자 가족을 부르는 존칭어)이기 때문이다. 김일성, 김정일 생전엔 본인들을 제외한 부인이나 자식에 대한 노출과 발언을 일체 삼갔다. 공적인 자리는 물론 사적인 자리에서도 가계 이야기를 꺼냈다 이른바 '혁명화'를 겪은 사람들이 적지 않다. 내용의 좋고 나쁨과 상관없이 발언 자체가 처벌의 대상이 되었던 시대에 비해 파격적이었다.

일각에서는 어린 지도자의 철없는 애정행각으로 치부하기도 했지

북한에 부는 한국 패션

만, 적어도 가계에 있어서만큼은 아버지보다 단순한 관계를 만들고 싶은 것이 김정은 위원장의 의지였는지도 모른다. 북한 주민들도 꽤 호의적인 반응을 보였는데 젊은 연령대의 지도자, 파격적인 의상과 액세서리를 사용하는 영부인의 모습은 북한 주민들의 호응을 끌어내기에 충분했다. 다만 김 위원장의 통 넓은 바지는 별로 선호되지 않고 사이드밴드(양쪽 트임)를 특징으로 하는 '원수님 우와기(양복의 상의)'의 인기가 높다.

'원수님 부부'의 패션을 모방하여 전문적으로 생산하고 유통하는 네트워크도 생겼다. 외화상점보다 인기가 높은 이 네트워크에는 아무나 속할 수 없단다. 평양, 함흥, 원산, 평성 등 대도시를 중심으로 이른바 권력과 경제적인 부를 다 가지고 있는 최상위층만이 주요 고객이 될 수 있다. 가장 잘 팔리는 것은 '리설주 가방'인데, 수작업으로 브랜드까지 꼭 같이 만들어 진품과 짝퉁을 가려보기가 어렵다고 한다. 진품이 많지 않아 비교 대상이 없는 것도 사실이다. 어쨌든 리설주 가방은 보통 500달러에 거래되는 데 대기자가 줄을 섰다고 한다. 외국 순방이나 국내 현지 시찰 등을 통해 선보이는 리설주의 패션은 가방뿐만 아니라 원피스, 신발, 스커트 등 모든 품종이 인기여서 리설주는 그야말로 북한의 완판녀라 할 수 있다.

리설주의 패션이 종류에 상관없이 유독 인기를 끄는 것은 트랜드를 주도하는 패션 리더로서의 모습 때문이겠지만, 더 근본적인 것은 바로 허용의 임계선이다. 사회주의 생활양식을 강조하며 자본주의적 경향의 옷차림(패션)을 단속하고 통제하는 북한에서 영부인의 옷차림은 일반인들이 따라 해도 되는 허들인 셈이다. 불과 10년 전 목걸이,

귀걸이 등 액세서리를 하면 단속을 당하기 일쑤였던 때를 감안하면 이해가 쉽다. 북한에서 일반인의 패션 욕망은 지도자의 수준을 넘어서는 안 된다. 다행히 김정은 집권 이후 그 수준이 높아진 것은 북한의 패션피플들에게 고무적이다.

최근 평양을 비롯한 대도시 여성들의 패션은 디자인과 색깔이 과거에 비해 다양하고 화려하게 변신해 사회주의 생활양식의 기준이 무색할 정도다. 북한의 패션디자이너들은 원수님 부부의 패션을 임계선으로 하여 한국 드라마나 외국 영상물을 통해 경험하는 다양한 디자인을 '티 안 나게' 접목한다. 언젠가 북한의 패션피플들도 자유롭게 Made in Korea의 표기가 있는 의류를 직접 구매할 수 있다면…그들의 감격이 상상되시는가?

한복

한복은 주로 여성들의 결혼식이나 선거, 정치행사 등에 참석할 때 입는다. 설을 비롯한 민속 명절에도 많이 입는 의복이다. 한복은 우리의 민족성을 상징하는 전통 복장으로, 역사적인 전통을 간직하고 있다.

서구식 문화의 유입으로 결혼식이나 회갑연을 비롯한 전통 예식에서 한복 착용이 소원해지고 있는 오늘날에서도 한복은 여전히 민족의 전통을 잇고 있다. 전통 한복은 일상생활에서 상시 착용이 쉽지 않다.

그럼에도 공식행사에서의 전통 복식으로 정례화되어 있을 만큼 전통성을 유지하고 있다.

북한은 민족의 전통 의복인 한복을 어떻게 유지해 왔을까? 북한에서는 한복을 '조선옷'이라 부른다. 북한의 『조선말대사전』에 따르면 '조선옷'은 "조선 민족의 고유한 민족적인 형식의 옷"이다.

때로는 조선옷을 '치마저고리'라고 부르는데 이는 여자들이 입는 조선옷을 달리 부르는 말이다. 조선옷과 관련하여 '조선옷 점', '조선옷 뜨개'라는 용어도 함께 쓰이는데 '조선옷 점'은 조선옷을 파는 옷 상점, 조선옷을 주문받아 만들어주는 곳이다. '조선옷 뜨개'는 여름 적삼 감으로 쓰이는 꽃 그물로 조선옷에 많이 쓰이는 형식이다.

북한에서 한복은 해방 이후 낡은 봉건적 잔재를 청산하고 민족적 풍습을 지키기 위한 목적에서 계승·발전되어 왔다. 일본식 복식인 바지(몸빼) 등의 의복을 배제하고 고유한 우리 민족의 전통복식을 유지하는 과정에서 북한은 주민들로 하여금 한복(조선옷)을 착용하도록 했다. 이 과정에서 북한 여성들은 한복을 평상복처럼 입었다.

반면, 남성들에게는 시대에 맞지 않는다는 이유로 한복 착용이 장려되지 않았다. 당시 북한의 한복은 한국과 같은 형식이었으나, 디자인 면에서는 전통복식에서 크게 벗어나지 못했다. 이후 사회주의 제도를 수립하는 과정에서 근로자들의 노동 생활에 편리한 의상으로 변화했다. 그 결과 여성들의 의복은 흰 저고리에 검은 통치마, 남성들은 인민복 차림의 평상복이 보편화되었다.

이런 의복은 배급의 방식으로 공급된다. 얼굴을 보지 않고 뒷모습만 보고는 누가 누구인지 식별하기 어려운 정도로 천편일률적이다. 의복이 개인의 정서와 취향을 담을 수 없었던 것은 당시 북한의 사회상을 보여주는 좋은 예다.

그러나 오늘날 북한에서 조선옷(한복)은 화려한 색상과 다양한 디자인을 담은 민족의상으로 발전했다. 결혼식장에서 신부 예복, 회갑연을 비롯한 전통 예식에서 갖춰 입는 의복일 뿐 아니라, 공식행사 참여시 착용하는 여성들의 복장이 되었다. 반면, 남성들의 한복 착용은 여성과 비교할 때 그 빈도가 현저히 낮은 편이다.

주목할 만한 부분은 북한 주민들 속에서 2010년대 들어 한국식 개량 한복을 선호하는 현상과 한국식 한복 디자인을 모방하여 맞춤옷을 주문하여 입는 수요가 증가하고 있다는 점이다. 북한에서 한복 디자인이 다양화한 시점은 1960년대 이후다.

이와 같은 변화는 사회주의 생활양식에 맞는 의생활을 요구하면서도, 현대적 추세에 따라 변화를 추구하도록 한 김일성 주석의 지시에서 기인한다. 1970년대 이후에는 저고리 깃과 동정이 좁아지고 섶이 늘어져 앞이 시원하게 만들어졌다. 특히, 치마는 통치마를 기본으로 주름치마가 등장하는 등 길이가 비교적 짧아지는 변화가 있었다.

1980년대에는 '조선옷 전시회'를 통해 화려한 색상의 한복이 등장하고 디자인 면에서도 착용에 편리한 형식이 등장했다. 이 시기 한복 착용은 정치행사에 참여하는 여성들 속에서 공식 복장으로 고착했다. 1989년 제13차 세계청년학생축전에 참가한 북한의 여대생들이 착용했던 흰 저고리에 검은색 주름치마로 구성된 한복은 단아한 모습을 연출하여 주목을 받았다.

여성들의 한복 착용과 관련, 북한은 사회주의 생활양식에 맞게 착용했는지, 우리의 민족성을 잘 살렸는지, 일반 사람들의 감정과 취미 생활의 기풍을 담은 옷차림으로 했는지 등의 원칙을 강조한다. 무엇보다 한복의 우아함과 아름다움이 잘 드러나도록 여성의 몸에 맞게 잘 맞추어야 함을 강조하고 있다.

1990년대에는 「평양피복기술준비소」를 통해 조선옷과 관련된 연구를 심도 있게 하도록 했다. 여성들이 단정하고 깨끗한 한복을 통해 조선사람의 건전한 정신상태를 보여주도록 해야 함을 강조했다. 다른 한편으로는 사회주의적 생활양식의 요구를 반영하면서도 현대적 미감과 추세에 맞는 한복을 만들도록 했다.

북한에서 한복을 착용한 모습은 어린이들의 생일잔치나 어린이 대상 공연 등에서 자주 볼 수 있다. 명절 혹은 선거나 행사가 있는 날 착용하는 어른들의 한복 차림 외, 어린이들이 한복을 착용한 모습은 일명 '색동저고리'라고 부르는 무지개색이 들어간 치마저고리다. 화려한 색상으로 만든 한복이 대표적이다.

매해 설날이면 설맞이 공연이 열리는데 어린이들은 대부분 한복을 입고 노래를 부르거나 춤을 춘다. 성인 남성의 경우에는 한복 착용이 보편화하지 않았으나, 남자 어린이들의 한복 모습은 북한 언론이나, 주민들의 일상생활에서 흔히 볼 수 있다.

북한에서 한복 착용은 의생활 분야 우리 민족 생활문화의 상징이기도 하지만, 북한 체제의 정치성도 내포하고 있다. 1980년대 말부터 '우리민족 제일주의'에 의해 북한식 민족적인 것을 부각하기 위한 일환으로 한복 착용이 강조되었다. 개인의 취향과 선택, 패션 선호가 반영된 북한 주민의 의생활이 제어되고 있음을 의미한다.

1990년대 중반 경제난 이후 북한 주민 80 % 이상이 자립적으로 생존해야 하는 상황에 직면하면서 공식행사에서는 한복 착용이 우선시 되었다. 그러나 일상생활에서는 개인의 능력과 선호가 반영된 의복 착용이 대세를 이루게 되었다.

각자의 생활수준에 따라 중국산 옷감으로 맞춤 한복을 만들어 입기도 하고, 한국산 옷감을 선호하는 현상도 나타났다. 최근 북한 시장에서는 한국산 기성복 한복 수요가 증가하고 있다. 특히 다양하고 착용감이 좋은 한국산 개량 한복에 대한 수요가 크게 증가하는 추세다. 이는 한복에 대한 북한 주민들의 눈높이가 북한산에 국한되지 않고, 중국산을 넘어 한국산으로까지 발전하고 있음을 보여주고 있다.

양복

북한은 서양 문화인 양복을 민족적인 면과 사회주의적인 면을 함께 담아 발전시켰다. 북한 주민의 의생활에서 양복이 조명되기 시작한 것은 1970년대 초반부터다. 당시 사회주의 생활양식에 맞는 옷차림을 하면서도 지나치게 일률적이고 획일적인 형식에서 벗어나려는 시대적 추세를 반영하라는 김일성의 지시가 내려졌다.

이에 따라 북한 주민의 체질과 기호에 맞는 기성 양복이 옷 공장에서 만들어졌다. 북한에서 생산한 비날론과 아닐론 옷감을 소재로 만든 남성, 여성 정장도 등장했다. 색감에서도 검은색, 회색 등 사회 체제적

성격을 그대로 드러내는 원색보다 연한 분홍색, 하늘색 등의 선명한 옷감으로 만들었다.

남성 양복은 일명 '쯔미에르'라고 불리는 인민복(레닌복)의 닫긴 깃에서 서양식 양복의 젖힌 깃이 도입되었고 허리의 곡선을 살린 것과 살리지 않은 유형의 양복으로 다양화 되었다. 여성 양복은 주로 투피스(나뉜옷) 형식으로 디자인되었다. 북한은 여성들로 하여금 양복바지 정장보다 치마 정장을 입는 것을 권장하며 시기별로 치마를 입지 않은 여성에 대한 통제를 강행했다. 바지 입은 여성이 '규찰대' 완장을 두른 단속원에 의해 단속되면 벌금을 내거나, 강제노동에 참여해야 했다.

1970년대 들어 북한은 평양 피복연구소에서 시대적 발전을 담은 의상디자인 연구를 본격화하였다. 1970년대 후반에는 옷 전시회와 옷 품평회를 개최하여 의생활에서의 현대화를 촉진하고자 했다. 여성용 의복에서 주름치마가 등장하고 다양한 형식의 양복 치마가 등장했다.

북한에서 양복이 다양하게 디자인되는 등 의생활 변화가 촉진된 배경에는 1970년대 초에 개최되었던 남북적십자회담에 참가한 한국 측 대표단의 양복 옷차림이 있었다. 또한 1984년 합영·합작법을 채택한 북한 당국의 조치에 따라 투자 목적으로 북한을 방문한 서유럽 자본주의 외국투자기업가들이 착용한 서양식 양복에 있었다.

양복에 대한 의생활 수요는 전 사회적으로 확산하였으며, 각 지역 지방산업 피복 공장, 옷 공장에서 직물공장을 설립하여 옷을 생산했다.

1980년대에도 북한의 의생활에서 양복은 남성의 행사 복장, 공무원 및 사무원 등의 복장, 일반 주민들이 정중한 자리에 나갈 때 착용하는 의상으로 자리 잡았다. 이 당시에는 대내외적 환경 변화의 영향을 받으며 의생활에서의 다양성이 강조되고 특히 유색 복장을 하는 사례가 증가하였다.

특히 1989년 제13차 「세계청년학생축전」에 참가한 외국 대학생들의 양장과 다양한 패션은 외부세계의 의생활 문화에 대한 관심을 증폭시켰다. 당시 양복은 대학생 교복으로도 디자인되어 남성 대학생은 제낀 깃의 양복 상의와 바지를, 여성 대학생은 양복 상의(양복저고리)에 원피스 형식의 조끼가 달린 양복치마를 착용하였으나, 서구유행을 모방하려는 경향이 두드러져 '자본주의 외부사조 차단' 현상도 발생했다.

2000년대 북한에서 양복은 남성의 결혼식 예복으로 뿐만 아니라 일상생활에서 즐겨 입는 평상복처럼 대중화되었다. 질적 수준에서 좋은 소재로 맞춤 양복을 만들어 착용하려는 수요가 증가하고 있고 디자인과 옷감, 색상 등에서 현대적 추세를 반영한 외국산 제품, 한국산 기성 양복을 선호하고 있다. 현재 양복은 보편적 의생활 의상으로 주민들의 삶과 함께 하고 있다.

양복을 국가가 공급하던 시기 북한 주민들은 국산 기성복을 착용하는 것에 만족했으나, 경제난 이후 시장이 도입됨으로써 다양한 소재의 양복지와 세련된 디자인의 기성복 양복이 유통되었다. 북한 주민들은 현재 개인의 취향과 능력에 따라 양복을 선택하여 착용할 수 있는 환경에서 살아가고 있다. 이와 더불어 한국산 양복, 즉 체크 패턴, 화려한 꽃이 프린팅되었거나 파스텔 톤 색상의 양복 등에 대한 수요도 증가하고 있다.

1990년대 중반의 경제난 이후 시장을 통해 자립 생존하는 과정에서 경제생활 수준에 따라 계층이 나눠지고 있다. 부유층 혹은 상류층의 경우 중국을 비롯한 해외에서 질 좋은 양복천(양복지)을 구입하여 세련된 양복 디자인을 모방한 맞춤 정장으로 양복을 만들어 입거나, 외화상점 혹은 백화점에서 비싼 기성 양복을 구입하고 있다. 한국산 의류가 명품으로 등극되는 사회적 기류가 생겨 한국 드라마 주인공의 양복 디자인을 그대로 모방한 맞춤 정장을 선호하는 현상도 증가하는 추세다.

여성들의 경우 투피스 형식의 한국산 양복 수요도 증가하는 추세다. 양복 치마의 유형은 스커트 정장이나 주름치마도, 에이라인 디자인의 치마도 있다. 양복 착용에서 북한 주민들의 생활격차가 나타나고 있다.

특히 김정은 집권 이후에는 미니스커트를 착용한 예술인의 공연이 공개되면서 양복치마의 길이가 짧아지는 현상이 나타났다. 그러나 이에 대한 통제가 강화됨으로써 시대적 문화 트랜드를 따르려는 주민들의 욕구와 체제유지를 위한 사회주의 법규 준수가 서로 충돌하는 현상이 나타나고 있는 것이 오늘날의 북한이다.

셔츠와 블라우스

북한 주민들은 셔츠를 '샤쯔'라고 부른다. 셔츠 문화가 대세를 이루기 시작한 것은 양복 착용이 보편화한 시기와 일치한다. 1970년대를 지나 양복 상의와의 조화, 사회주의 노동에 편리함을 줄 수 있는 디자인이 반영되는 등 시대적 변화를 거치며 와이셔츠와 블라우스는 남성과 여성의 의복으로 발전했다.

초기에는 단순한 디자인의 와이셔츠가 단체복 형식으로 생산되어 공급되었고, 1980년대를 넘어 1990년대 들어서는 양복 색깔에 맞춰 갖춰 입을 수 있을 만큼 세련되었다.

남성들은 봄가을에는 긴팔, 여름에는 반팔의 와이셔츠를, 무더위가 본격화된 여름에는 남방셔츠를 주로 입는다. 여성들이 착용하는 블라우스는 와이셔츠와 함께 그 종류가 다양하다.

여대학생의 경우, 캠퍼스에서 강의를 듣거나 행사에 참여할 때에는 양복 스타일로 디자인된 교복에 맞추어 단색의 와이셔츠를 통상적으로 착용한다. 그 외의 일상에서는 꽃무늬 블라우스, 민소매 블라우스, 댕기 달린 블라우스, 레이스 달린 블라우스 등을 개인의 취향에 맞게 착용할 수 있다. 다만 데님 셔츠는 금지되어 있다. 청바지 착용이 금지된 것과 같은 이유에서다.

1990년대 경제난 이전에는 북한에서 생산한 와이셔츠와 블라우스가 주민들의 수요를 충족시키는 편이었으나, 경제난으로 생산이 정체되고 공급이 단절되면서 중국산 와이셔츠와 블라우스로 대체되었다.

2000년대 들어서는 자립 생존에 의한 부의 축적, 권력층의 생활수준 정도에 따라 중국산보다 한국산, 일본산, 미국산을 선호하는 계층이 증가하기 시작하였다. 중산층 이상의 주민들 속에서는 한국산을 찾는 수요가 높아지게 되었다. 와이셔츠와 블라우스 디자인과 소재에서도 일반 주민들이 보편적으로 입는 스타일보다 독특하면서도 색상이 원색에 가깝지 않은 형식을 선호하기 시작했다.

한국산 와이셔츠와 블라우스는 재질이 부드러워 북한 주민의 관심 1순위였다. 특히, '메이드인 코리아' 현상이 북한 사회 전반에 확산되면서 소비심리를 더욱 자극하고 있다. 북한의 시장에서 한국산 라벨이 붙은 의류는 공식적 판매가 제한된다. 이 때문에 음성적으로 거래되는 경우가 대부분이다. 중고라도 한국산이면 구매수요가 높은 편이다.

김정은 집권 이후 부인 이설주가 입고 등장한 땡땡이 문양의 블라우스, 김여정 제1부부장이 입고 등장한 레이스 달린 블라우스 등도 유행하고 있다.

와이셔츠와 블라우스 디자인이나 건강에 유익한 의류 소재의 개발 면에서 다른 나라와 비교하면 많이 뒤떨어진다. 또한 기술적 면에서나 세계적 의류 트랜드를 따라가는 것도 마찬가지다. 그럼에도 불구하고 한국드라마를 비롯한 의생활에 대한 정보들이 비공식적 루트를 통해 북한으로 전파되면서 북한 주민의 의생활 문화는 발전 양상을 보이고 있다. 이를 통해 북한 주민들은 한국의 의생활 문화를 동경하고 모방하고 있다.

북한 주민들은 연한 하늘색, 연한 핑크색 등으로 안정감을 주는 한국산 와이셔츠와 블라우스를 선호한다. 재질면에서도 세탁하기에 편리한 소재의 수요가 높다. 다림질하기 어려운 북한 현실이 영향을 미치고 있는 것이다. 남성 와이셔츠의 경우 잔잔한 체크 문양이 여성 블라우스의 경우에는 실크보다 폴리에스텔 소재로 된 잔잔한 꽃무늬 블라우스나 파스텔 톤의 블라우스에 대한 수요가 높다.

모든 북한 주민이 한국산 의류를 선호하나, 이를 구매하여 착용할 수 있는 북한 주민은 드물다. 어느 정도 먹는 문제가 해결된 경우에만 가능하다. 북한 시장에서 한국산 와이셔츠와 블라우스에 대한 주민들의 의 수요를 충족시키기 위해서는 소재와 색상, 디자인 면에서 북한 현실에 맞는 제품으로 준비할 필요가 있다.

원피스

'원피스'하면 떠오르는 것은 2013년 북한 TV(조선중앙텔레비죤)에 처음 등장한 리설주 패션이다. 왼쪽 가슴 윗 쪽에 김일성, 김정일 초상휘장(뻬찌)을 달아야 하는 정례화 된 옷차림을 뛰어넘은 패션이었다. 초상휘장을 달지 않은 것도 이목을 집중시켰지만, 무엇보다 세련된 색상에 단아한 느낌의 원피스 차림은 북한 여성들은 물론, 외국인들의 관심을 높였다.

리설주의 원피스 패션을 두고 주로 물방울무늬 원피스를 자주 입는다고 하여 영국의 가디언 지는 영국 다이애나 왕세자빈을 모방했다고 평가하였으나, 일부 언론들은 한국의 청담동 패션이라고 평가하기도 하였다. 1980년대 초반부터 북한 여성들의 주된 패션으로 자리 잡아온 원피스는 시대를 넘어 오늘날까지 북한 의류의 중심에 있다. 북한에서 원피스는 달린 옷, 어린아이들이 입는 달린 옷은 '나리옷'이라고 한다. 성인 여성의 달린 옷과 다른 점이 있다면 어린이들의 신체적 특성을 고려하여 가슴 아래 부분이 몸에 붙지 않고 허리선이 없는 것이다. 1980년대 초반 북한 영화 '우리가 사는 거리'에서는 80년대 북한의 도시미화 상황과 함께 옷 공장에서 만든 여성복 원피스가 나온다.

영화에서 당 책임비서는 도시미화 사업차 거리를 측정하다가 체형은 다르나 똑같은 옷감과, 똑같은 디자인의 원피스를 입은 여성들이 지나가는 것을 보고 불러 세운다. 무려 다섯 명이 입은 원피스는 물론 프린트된 꽃무늬까지 똑같다. 이들은 서로 안면이 없는 사이다. 우연히 상점에서 판매하는 원피스를 사 입은 공통점밖에 없다. 이러한 모습을 보고 당 비서는 옷 공장 지배인을 불러 여성복 디자인이 다양해야 할 것을 지적한다. 단체복 같은 여성복이 아닌 개인의 체형에 맞는 옷을 생산해야 한다고 강조한다.

1980년대 초반 촬영된 또 다른 영화 '두 처녀'에서도 남성 두 명이 군중무도회에서 춤을 추는 여성의 뒷모습을 보고 자기 애인인 줄 착각하고 손을 잡고 가려다가 그 여성의 애인과 다툼을 벌이는 장면이 등장한다. 당시 천편일률적인 의복 생산으로 인해 발생했던 상황들을 영화 소재로 다룬 것이다.

북한에서 여성복으로서의 원피스는 이처럼 단체복 형식의 디자인으로부터 시작되었다. 1960년대까지 의생활 문화의 주축은 남성 인민복과 여성의 흰 저고리와 검정 치마였다. 똑같은 디자인과 똑같은 소재의 옷을 일률적으로 생산하여 국가의 공급망을 통해 판매한데서 비롯된 결과다. 북한에서 원피스가 의생활에서 본격적으로 유행하기 시작한 시기는 1970년대 말, 1980년대 초부터다. 집이나 직장에서 편리한 여성 복장으로 자리매김했다. 초기에는 디자인이 다양하지 못했으나, 이후 소재와 계절에 맞는 복장으로, 어린 여아로부터 성인 여성에 이르기까지 연령별, 체형별 다양화가 강조되었다.

오늘날 원피스는 북한 여성들의 옷차림을 멋지게 연출하는 의류 패션의 하나로 자리 잡았다. 1982년 김일성 주석이 '여성의 노출을 어느 정도 허용한다'라는 언급이 있은 이후 민소매 형식의 원피스가 등장했고, 화려한 색상의 꽃무늬 원피스도 등장했다. 1990년대에는 원자재난으로 여성복 생산이 중단되었기 때문에 각자의 능력에 따라 원피스를 맞춤옷으로 만들어 입었다. 중국산 원피스가 일부 수요를 충족시키기도 했다. 중국에서 옷감을 들여와 개인 수공업으로 원피스를 만들어 시장에 파는 현상도 증가했다.

2000년대 초반에는 한국산 기성복 원피스를 선호하는 북한 여성의 수요도 증가하기 시작했다. 이는 비공식 체널로 한국 드라마를 보면서 주인공이 입은 원피스 모양을 모방하여 입고 싶은 욕망에서 비롯되었다고 본다. 김정은의 부인 이설주가 원피스를 입고 등장하는 모습도 신선한 자극을 주어 이를 모방하고자 하는 북한 여성들이 증가했고, 최근에는 한국산 원피스를 계절별로 소장하고자 하는 수요도 꾸준히 증가하는 추세다.

점퍼와 패딩

'점퍼'에 대한 북한식 용어는 '잠바'다. '잠바'라고 하면 북한의 기성세대들은 '장군님 잠바'를 떠올린다. '장군님 잠바'는 북한에서 김정일 통치 시기 지도자가 항상 착용하고 등장했던 카키색(북한식으로 국방색) 의복이다. 북한 남녀노소 모두가 착용할 정도로 대유행했던 패션이기도 하다.

2013년 미국의 헬로윈 의상데이 때 '김정일 인민복'으로 마네킹에 입혀져 49.99$로 판매되었던 그 옷이 바로 북한의 '장군님 잠바'다. 이 점퍼는 '우리식'을 강조한 북한의 사회주의 생활문화와도 어울려 고난의 행군시기를 거쳐 2000년대 초반 이후까지 북한의 대중 유니폼처럼 유행했다. 김정은 집권 이후 시장을 통해 패션 변화가 있었으나, 아직도 이 점퍼를 입고 있는 북한 주민들을 종종 볼 수 있다.

북한에서 점퍼가 유행되기 시작한 시기는 1970년대 후반부터다. 1960년대까지 강조되었던 남성의 인민복 패션과 여성의 흰 저고리에 검정치마 패션에서 1974년 김일성 주석에 의한 시대발전에 맞는 유색복장 착용 확대가 강조되면서 양장, 블라우스, 스커트 등의 의류와 함께 점퍼도 북한의 의생활 문화에서 한 자리를 차지하게 되었다. 점퍼는 북한 주민들의 일상에서 직장 출근 복장으로도 활용되고, 사람을 만날 때, 조직행사에 참여할 때에도 입을 만큼 대중화되었다. 형태와 생산지에 따라 북한에서 생산되는 '장군님 잠바', 중국산 잠바, 한국산 잠바, 미국산, 일본산 등이 있다.

2010년 이후에는 한국산을 선호하는 주민들이 증가하는 추세다. 일률적 디자인에 기반했던 과거와는 달리 북한 주민 의생활에서의 점퍼 착용은 생활 수준에 따라 소재, 디자인, 가격에서 차이가 있다. 과거 방직공장, 피복공장, 옷 공장에서 만들어 공급하던 시기와는 다르게 각자의 생활수준에 따라 직접 만들어 입거나, 시장에 유입되는 명품 브랜드 점퍼를 비싼 가격에 구입하여 착용하는 주민이 증가하고 있다. 특히, 한국 드라마를 시청하는 신세대 청년들 중에는 젖힌 점퍼이면서도 솜을 넣어 누빈 따뜻한 점퍼를 선호한다. 이러한 추세는 향후 더욱 증가할 것으로 본다.

사계절 중 겨울이 길고 한국보다 온도가 훨씬 낮은 북한에서는 패딩에 대한 수요가 높다. 북한에서 일명 동복, 겨울 솜옷으로 불리는 패딩은 겨울에 입는 솜옷으로 인식하고 있다. 과거 목화솜을 넣어 바느질로 누빈 형태에서 나일론 솜을 넣은 솜옷으로 진일보했으며, 최근에는 덕다운, 구스다운 패딩을 선호하고 있다. 북한 주민들이 주로 '동복'으로 불렀던 겨울 솜옷은 김일성 통치시기 학생들에게는 선물로 공급되기도 하여 감사함의 상징이 되었다. 공급망을 통해 부분적으로 동복이 공급되던 시기에는 방직 공장, 피복 공장, 옷 공장 등에서 북한의 정책적 요구을 반영하여 디자인, 옷감 재질, 색상 선택 등에서 혁신을 추구했다.

경제난이 본격화했던 1990년대 중반에는 각자 재량에 따라 겨울 솜옷을 디자인해 만들어 입거나 시장을 통해 중국산 등을 구입해 입었다. 그러나 김정은 집권 이후 시장 확산과 더불어 겨울솜옷도 생활수준에 따라 시대적 변화와 함께 개인적 취향이 일부 반영되어 다양해지는 추세다. 동복의 유형도 다양성을 추구하게 되었고, 동복, 겨울솜옷으로 지칭되던 용어도 '패딩'으로 보편화하면서 가볍고 따뜻한 겨울의복으로 크게 자리 잡고 있다.

요즘 북한에서 겨울솜 옷으로 유행하는 패딩은 롱패딩이다. 그 수요는 젊은 층을 중심으로 확산되고 있다. 롱패딩에 대한 북한 주민 수요가 높아지는 이유는 한국 드라마의 영향도 있고, 시장을 통해 외

북한에 부는 한국 패션

부문물이 유입되면서 패션의 시대적 추세를 따르려는 북한 주민들의 욕구도 반영되어 있기 때문이다. 북한에서 패딩, 롱패딩은 초기 권력층 간부들의 패션으로 시작하여 상류층, 일반주민으로 확대되었다. 소재에 있어서도 방수가 되고 방한 효과가 높은 두꺼우면서도 가벼운 재질에 대한 선호도가 높다.

내피 소재로는 열처리가 된 나일론 솜을 누빈 동복, 길이가 긴 롱패딩인 '뿌찐 동복' 등이 높은 인기를 차지하고 있다. 일반 패딩보다 비싼 가격(한 벌에 200달러 정도, 1달러 당 8,000원 북한 원, 북한근로자 한달 월급 3,000원을 고려할 때 상당히 비싼 가격)에 팔리는 '뿌찐 동복'은 러시아 대통령의 이름을 담고 있다. 한국산 롱패딩은 중국산보다 수요가 높아 북·중 접경지역 중국 상인들에게 부탁해서 구입하기도 한다.

이와 함께 북한의 상류층 여성들 속에서는 모피 수요도 날로 높아지고 있다. 점퍼와 겨울 패딩에 대한 북한 주민의 수요는 시장 확산과 더불어 소재, 색상, 디자인이 다양하면서도 시대성을 반영하여 세대별, 계층별로 나타날 것이다. 이 과정에 한국산 점퍼 및 패딩에 대한 수요 역시 크게 증가할 것으로 판단된다.

니트

북한에서 '세타'는 우리의 니트와 같은 개념이다. 『조선말대사전(2017)』에 따르면 세타는 "털실이나 그와 비슷한 실로 뜨거나 짠 웃옷의 하나"다. 옷감 소재에 따라 "모~ 나이론~ 비날론으로 세타를 짜다" 등의 수식어가 붙어 양모세타, 나이론 세타, 모빌론 세타, 아닐론 세타 등으로 그 유형이 나뉘어진다.

북한에서 세타는 뜨개옷과도 혼용된 개념으로 쓰이는데, 뜨개옷은 "실로 뜨거나 뜨개천으로 지은 옷"으로 정의된다. 쉽게 만들고 손질하기도 편리하며, 따뜻하고 폭신하여 사용가치가 대단히 높은 것으로 평가하고 있다. 뜨개옷의 유형에는 뜨개바지, 뜨개저고리 등이 있다. 직접 수작업으로 하여 만든 것도 있고, 재봉기를 사용하여 편직물처럼 뜨개천으로 만든 것도 있다.

1970년대 후반에 인민학교(현재의 북한 소학교)를 다녔던 나의 기억 속에 세타는 '선물세타'라는 이미지가 각인되어 있다. 김일성 통치 시기 지도자가 주는 세타를 선물로 받고 학부모와 학생 대표가 눈물을 흘리며 감사의 마음을 표현했던 기억이 생생하다. "세상에는 나라도 많고 지도자도 많지만 우리의 수령님처럼 학생들에게 따뜻한 선물을 안겨주시는 분은 이 세상에 없습니다..."로 시작되는 선물 전달식은 감동과 눈물의 한마당을 이루고, 선물세타 박스를 앞에 안고 학급별 단체사진 촬영으로 마무리되었다.

김정일 시기에는 경제위기로 이와 같은 선물은 지속되지 못했으나, 많은 북한 주민들에게는 여전히 큰 기억으로 남는 추억이다. 당시 선물세타는 주로 나일론 소재로 만들어졌는데, 꽃무늬 넣고 색상이 다채로워 학생들 속에서 누구 세타가 더 예쁜지 평가하기도 했다. 세타 유형에는 나일론세타 외에 아닐론 소재로 만든 세타, 순수 양털로 만든 모세타도 있다. 아닐론은 양털을 대신하는 고급섬유다. 인조양털이라고 불리며 인기가 높다. 원유와 카바이드를 원료로 하여 만든 합성섬유인 아닐론은 북한에서 비날론 혁명이 일어났던 1960년대 이후 비날론 주체섬유의 후속으로 등장했다. 비날론이 카바이드로 만들어지고, 그 재료가 북한에 산재한 무연탄과 석회석이라는 점에서 원료 부족의 걱정이 없는 것이 특징이다. 북한이 주체섬유라고 자랑하는 이유가 바로 여기에 있다. 그러나 경제난에 따라 생산은 한계에 직면, 세타 생산도 원만하게 이루어지지 못했다.

경제난 이후 시장이 확산되는 과정에서 북한 주민들이 선호하는 세타 유형은 디자인, 소재 등에 있어 일률적인 공급목적으로 생산되던 과거의 국산 기성복 세타를 아닌 중국산, 일본산, 한국산, 미국산 등으로 확대되고 있다. 1980년대 후반 1990년대 초반까지만 하여도 북한 상류층의 세타 수요는 일본산에 집중되었으나, 최근에는 한국산이 대세를 이루고 있다. 긴팔 니트, 짧은 팔 니트 등으로 디자인의 다양성도 수요에 반영되고 있다. 특히, 니트 소재를 선택하는 주민들의 눈높이가 모, 캐시미어 등으로 확산하고 있으며, 그 수요는 더욱 증가할 것으로 예상된다.

드라마 '사랑의 불시착'에서 여주인공이 착용하였던 다양한 세타 패션은 북한의 현지 상황을 잘 반영하고 있으며, 드라마 내용 중 한국산 상품을 감추고 판매하는 북한 상인의 모습은 한국산 선호의 북한 주민 수요를 이해할 수 있게 한다.

넥타이

일상에서 넥타이는 남성들의 옷차림을 살려주는 중요한 장식의 하나다. 넥타이에는 계절적, 연령적 특성이 담긴다. 주로 남성들이 착용한다는 점에서 성별적 특성도 있다. 여성도 간혹 넥타이를 착용할 때도 있지만 통상 남성 전유 패션으로 관념화했다. 북한에서도 그러할까?

북한에서 넥타이를 처음 착용하는 연령은 만 7세다. 물론, 일반적인 넥타이 유형과 북한에서 어린 시절부터 착용하는 넥타이는 그 의미가 다르다. 만 7세가 되면 의무적으로 정치조직에 가입하게 되고 이의 상징적 모습으로 착용하게 되는 넥타이는 '소년단조직' 구성원이 되었다는 표징이다.

북한에서 어린 시절을 보낸 사람은 누구나 만 7세에 착용하기 시작한 '붉은 넥타이'에 대한 추억이 있다. 정치조직인 '소년단'에 가입하여 소년단원이 된다는 의미, 무엇보다 지도자가 주는 정치적 생명을 부여받는다는 의미는 어린아이들에게 인상적으로 다가온다. 등교 때 「소년단넥타이」를 착용하지 않으면 규찰대의 단속대상이 되고 비판을 받게 된다는 관념이 체화된 북한에서의 붉은색 넥타이 착용은 우리가 일상에서 양복 패션을 돋보이게 하기 위한 의미의 넥타이와는 다른 정치성을 띤다. 북한 주민의 소년단 넥타이 착용은 만 7세~13세까지다.

이후 사회주의애국주의청년동맹 구성원이 된 이후 착용하는 넥타이는 소년과는 유형이 다르다. 대학생은 대학생 교복에 맞춰, 사회 직종에 종사하는 사무원의 경우에는 옷차림에 맞게 착용한다. 즉, 북한에서 넥타이가 부여하는 의미는 어렸을 적에는 정치성, 성인이 된 이후에는 패션으로서의 의미를 담고 있다.

북한에서 넥타이 착용이 보편화하기 시작한 시기는 양장이 대세를 이루었던 시기와 일치한다. 앞서 언급했듯이 양복에 대한 관심은 1960년대 말 이후에 시작되었다. 공식 복장으로 유행했던 시기는 1980년대 전반을 이룬다. 넥타이 착용의 다양성도 이 시기와 함께 한다. 넥타이 형태는 어떤 성격의 복장을 하는가에 따라 달라진다. 공식 행사나 일상 업무수행을 위한 출퇴근 시에는 댕기모양의 긴 넥타이를 착용하고, 무대에 출연하여 공연하는 경우에는 주로 나비모양의 넥타이를 착용한다.

북한은 양복에 대한 현대적 감각을 강조하던 시기부터 넥타이도 양장과 함께 체형, 얼굴 모양에 따라 어떤 형식으로 착용해야 하는지 언급해 왔다. 1990년대 초반 '천리마' 잡지에는 "넥타이의 너비와 매듭은 얼굴의 생김새와 옷의 형태에 따라서 달리한다"라고 쓰여 있다. 예를 들어 얼굴이 긴 사람은 넥타이의 매듭이 크고 도드라지게 하며, 머리가 크고 얼굴이 모나게 생긴 사람은 넥타이의 매듭을 너무 크게 매면 얼굴이 더 커 보이고 윗부분이 무거워 보인다거나, 아래턱이 좁은 형은 넥타이 매듭을 좀 크게 하는 것이 효과적이다"라고 명시되어 있다.

넥타이 패션도 시대별로 변화했다. 소년단 넥타이 착용은 여전하나, 성인이 된 후 착용하는 넥타이는 생활수준, 직업 유형에 따라 변화하고 있다. 특히, 디자인, 재질, 생산지에 따라 명품을 선호하는 계층이 증가하고 있고, '메이드인 코리아' 제품을 찾거나, 팬디, 페라가모 등의 명품 넥타이를 찾는 수요도 늘어나고 있다.

청바지

청바지에 대한 정의는 "능직으로 짠 질긴 무명으로 만든, 푸른색 바지"다. 일명 진(jeans)으로도 불리는 청바지는 우리의 일상에서 애용하는 패션 중 하나다. 청바지는 작업복으로 입기에 편리하게 헐렁하고 주머니가 있는 스타일의 바지다. 디자인이 변화하면서 큰 성공을 거두기도 했으며, 오늘날에는 전체 세대를 아우르는 패션이 되었다. 착용감이 뛰어나면서도 타이트한 밀착형을 포함, 다양성을 가미한 세련된 일상 패션으로 활용되고 있다. 누구나 한 벌쯤은 갖고 있는 청바지, 과연 북한에서는 어떻게 인식하고 있을까? 북한 주민들도 청바지의 유래를 알고 있을까? 그들의 청바지 패션 수요는 어떠할까? 청바지는 북한에서 착용할 수 없는 금지 패션이다. 그 이유는 청바지가 '자본주의 산물'이며 '미 제국주의 상징'으로 인식되고 있기 때문이다.

대학시절, 청바지는 자본주의 '날나리풍'으로 치부했으나, 진지한 생각을 불러일으키게 한 것 중의 하나였다. 1989년 제13차 세계청년학생 축전이 평양에서 열렸던 시기, 당시 한국의 전대협 대표로 임수경이 본 행사에 참석했다. 내가 다녔던 원산경제대학도 방문하여 소그룹의 대학생들과 담소를 나누었다. 그때 임수경이 착용한 바지가 청바지다. 공식행사에 참석한 한국 대학생이 대중 앞에서 연설하는데, 정중함을 담은 정장이 아닌 북한에서 그토록 금지하고 있는 청바지를 입었는데, 그 모습이 매우 의아하면서도 너무 멋스러워 큰 충격을 받았다.

이와 같은 자본주의 방식의 옷차림은 수정주의 날라리풍 패션이라는 관념이 지배적이었던 시기에 나의 시각을 자극했다. 이후 가끔 청바지를 한번 입어보고 싶다는 욕구를 가졌고, 한국 정착 이후 과감하게 사서 입게 되었다. 그러나 구입한 청바지를 정적 입지 못했다. 직업상 정장을 입고 일하는 시간이 많으니 비싼 가격에 청바지를 구입했으나 특별히 입고 나갈 계기를 갖지 못했다. 그보다 청바지를 입고 거울 앞에 섰을 때 부자연스럽고 익숙하지 않은 모습 때문에 아파트 앞의 슈퍼에 갈 때도 착용하기 힘들었다. 여기에다 30여 년을 살면서 체화되었던 북한에서의 청바지 인식이 한몫했던 것 같다. 그러나 정착 15년이 넘은 지금은 청바지를 즐겨 입는다.

북한에서도 청바지에 대한 인식이 변하고 있다. 청바지, 스키니 진을 모방한 패션들을 선호하는 계층이 증가하고 진과 유사한 소재를 중국으로부터 구입해 개인 양장점에서 맞춤으로 입고 있다. 시장이 전국 각 지역으로 확산하면서 중국산 상품이 유통의 80 % 이상을 차지하고 있고, 외부정보와 외부문물이 유입되면서 청바지에 대한 북한 내 인식도 패션 중심으로 변하고 있다. 공식적으로는 착용이 어려운 청바지를 모방한 '뺑때바지' 수요가 증가하고, 청바지와 유사한 형태의 의류들을 선호하는 현상에서 북한 주민들의 패션 변화를 엿볼 수 있다. 이러한 현상이 북한 당국의 수용정책으로 이어져 작업복 형식의 청바지가 북한 근로자들에게 공급될 수 있기를 기대한다.

속옷과 꽃바지

북한의 속옷에는 단정하고 세련된 옷차림, 맵시가 고운 옷차림, 겨울에 입는 내복, 군인들이 입는 속옷도 포함된다. 한국보다 겨울이 길고 추운 지역의 특성상 내복은 겨울의 필수품목이다. 겨울 내복에는 동내의, 일반 내의가 있는데, 영하 30~40도인 북쪽 지방에서는 내복 안에 보온효과가 있는 동 내의를 많이 선호한다.

한국에 입국한 이후 교육기관인 하나원에서 내복 선물을 받고 이곳 사람들도 내복을 입을 거라 생각했는데, 사회에 나와 주변인들의 옷차림을 보면서 그것이 아니었음을 알 수 있었다. 특히, 남쪽 지역으로 갈수록 대부분의 주민들은 겨울에도 내복을 입지 않았는데, 이유가 추위에 노출될 일이 많지 않기 때문이었다. 그러나 북한은 사정이 다르다. 1990년대 중반 경제난 시기에는 아사자와 동사자가 많이 발생하였는데, 어린아이들은 식량 구입을 위해 떠난 부모를 기다리며 칼바람이 부는 겨울에도 내복을 입지 못한 채 길거리에 나가 배고픔과 추위에 떨다가 사망하기도 했다.

북한 남성의 속옷으로는 긴 속바지, 짧은 무릎 선까지 오는 속바지가 있다. 여성의 속옷으로는 양복 치마에 받쳐 입는 속치마 혹은 짧은 속바지가 있다. 속옷 착용에 있어서는 겉으로 드러나지 않도록 단정히 입는 것을 지향하고 있다. 속옷이 비치는 얇은 천으로 겉옷을 입을 때에는 특별히 속옷 색상에 주의를 기울여야 한다. 속옷과 내복은 경제난 이전에는 공급용 생산이 어느 정도 이루어졌으나, 생산부문 침체

북한에 부는 한국 패션

가 현실화하면서부터는 각자 개인의 능력에 따라 해결해야 하는 의류 품목이 되었다. 최근에는 시장을 통해 고품질의 내복, 속옷 등이 등장해 수요를 충족시키고 있다. 생활수준에 따라 선호하는 품질과 브랜드에서 격차를 보이기도 한다. 상류층 주민의 경우 한국산, 일본산, 미국산 속옷을 선호하는데 그 중에서도 한국산은 명품으로 그 수요가 월등히 높은 편이다.

잠옷에 대한 수요도 이와 유사하다. 과거에는 단순하게 잠옷을 내의와 구분하지 않고 잠잘 때 입는 의복 정도로만 인식했으나, 이제는 하나의 실내 홈웨어 패션으로 인식하고 있다. 색상, 디자인, 생산지 등이 고려된다. 한편, 홈웨어의 유형으로 꽃 바지가 유행하고 있다. 꽃 바지는 중국산이 대거 유입되어 시장에서 판매되고 있다. 일상에서 착용감이 편하다는 이유로 남녀노소 모두 즐겨 입는다. 특히, 여성들에게는 몸에 잘 붙지 않는 폴리에스테르 소재가 인기가 있다. 실내에서뿐 아니라 집주변에서 동네 이웃들을 만날 때도 평상복처럼 즐겨 입고 있다.

현재 한국에서도 패션의 하나가 된 꽃 바지가 있는데, 과거의 꽃 바지보다는 질적 수준, 디자인 면에서 비교할 수 없을 만큼 차이가 있다. 북한 주민들이 선호하는 꽃바지는 1980년대 한국에서 유행했던 꽃 바지와 유사하다. 그런 점을 고려하면 시기적으로 유행이 뒤처져 있으나 우리의 의식에는 한민족이 자리하고 있는 것 같다.

트레이닝복

우리가 일상에서 자주 쓰는 '트레이닝복'이라는 용어는 스포츠를 할 때 입는 운동복의 일종으로 '츄리닝'이라고도 한다. 북한에서는 이를 체육복, 단복, 운동바지, 운동복이라고 부른다. 트레이닝복은 경기가 아닌 연습 시에 착용하는 의복으로, 온도 변화와 태양으로부터 신체를 보호하는 기능이 있다. 특히, 가볍고 유연한 소재로 머리가 아닌 몸 전체를 덮는 것으로, 운동을 방해하지 않도록 만들어진 의류로 평가된다.

북한에서 체육복으로도 불리는 운동복, 트레이닝복은 학생들이 체육 시간에 입는 스포츠용 의복인 동시에 일상에서 축구, 농구, 배구, 탁구, 테니스 등을 할 때 주민들이 즐겨 입는 옷이다. 트레이닝복에 대한 나의 추억에는 대학 입학통지서를 받고 난 후 첫 등교를 할 때 아버지가 사주셨던 빨간색 바탕에 흰색 줄 세 개가 있었던 운동복이 자리 잡고 있다. 당시 북한에서 생산한 운동복으로 생산량이 많지 않아 공급이 원만하지 않았던 것으로 기억된다. 아디다스를 모방한 듯한 아버지의 운동복 선물을 받고 체육시간을 기다렸던 기억, 친구들이 부러워했던 기억, 유난히 빨간색을 좋아하여 기숙사에서도 즐겨 입었던 기억은 대학입학을 진심으로 축하해주셨던 아버지에 대한 사랑과 함께 지금도 감사함으로 남아있다.

북한에서 운동복은 일반 주민들이 일상에서 여가를 즐길 때 입는 옷차림이기도 하지만, 대학에 입학하는 학생들에게는 갖춰야 하는 필수 복장이기도 하다. 대학생은 학교 규정에 맞는 대학생 유니폼 정장을 입어야 하고, 체육 시간과 방과 후 체육활동 때에는 트레이닝복을 입게 되어 있다. 북한의 직장인들도 매년 정기적으로 열리는 체육대회에서 트레이닝복을 즐겨 입는다. 트레이닝복은 국가 차원에서 공급되었으나, 경제난 때에는 개인의 능력에 따라 구입해야 하는 품목의 하나가 되었다. 트레이닝복의 재질, 디자인, 브랜드 등은 그동안 상당한 변화를 지속해 왔고, 북한 주민 수요에 따라서도 다르게 나타나고 있다. 상류층, 권력층의 경우는 해외 명품 브랜드인 아디다스, 나이키 등의 트레이닝복을 선호하고 일반 주민의 경우는 중국산, 국산 트레이닝복을 가격별 수준에 맞게 착용한다.

물론 이 과정에서 소위 말하는 '짝퉁'도 존재한다. 그러나 평양을 비롯한 대도시에서 진품을 착용한 북한 주민들이 증가하는 추세다. 특히, 북한 여성들에게는 한국산 트레이닝복이 떠오르고 있다. 한국 드라마에 출현한 주인공이 착용한 브랜드, 색상, 디자인 등을 모방하거나, 중국을 통해 동일 브랜드의 트레이닝복을 주문하는 사례들이 늘고 있다. 남북한 경제교류와 협력을 추진하여 한국의 기술과 자본이 북한 지역에 투입되고 북한에서 생산된 트레이닝복을 북한 주민들이 입고 남북이 함께 스포츠를 즐길 수 있는 날이 빨리 오기를 희망한다.

CHAPTER 2

신발

'좋은 신발이 좋은 곳으로 데려다 준다'는 격언은 북한에서도 통한다. 원래는 이 말보다 '애인에게 신발 사주면 도망간다'는 얘기가 더 익숙하다. 그래서 북한은 연애 중에 서로에게 신발을 잘 사주지 않으려고 한다. 비아시아권 외국인들은 동양인, 특히 한·중·일의 생김새만 보고 출신 국가를 잘 구분하지 못한다. 우리가 유럽인들을 보고 어느 나라 사람인지 잘 모르는 것과 마찬가지다. 그러나 옷 입은 스타일을 보면 대충 짐작할 수 있단다. 한·중·일 패션 스타일의 특징을 누군가 이렇게 정리했다. 한국은 전체적으로 조화롭고 매우 깔끔하며 잘 갖춰 입는다. 중국은 컬러가 화려하고 인구만큼이나 디자인도 다양하고 다채롭다. 일본은 비정형화된 느낌의 편하고 귀여운 스타일이다.

　패션은 한 사회의 문화를 담고 있다. 패션의 완성은 얼굴이라는 이야기도 있지만, 신발이야말로 패션의 완성이라고 할 수 있다. 교복과 회사 유니폼처럼 모두가 똑같은 옷을 입는 곳에서도 신발만큼은 자신의 개성을 드러낼 수 있기 때문이다.

전체주의와 집단주의가 강한 북한에서는
교복뿐만 아니라 신발도 공급한다.
그래서 의무교육 기간(소학교와 초·고급 중학교 전체 11년)과
대학에 이르기까지 학교라는 조직에 속하는 사람들은
모두가 똑같은 교복과 신발을 신고 다닌다.

더욱이 학교별로 디자인이 다른 한국과 달리 북한은 지역과 학교에 상관없이 모든 학생이 하나의 디자인과 색깔의 교복을 입는다. 다행스럽게도(?) 신발은 취향에 따라 선택할 수 있다. 그러나 이 말이 무색하리만치 디자인의 종류는 겨우 두세 가지 정도다. 중학교 시절 받았던 교복용 신발은 분홍색과 청색 두 가지 컬러로 되어 있었다. 신발 코숭이에 리본이 달린 것과, 없는 디자인이 전부였다. 그래도 새 신발을 신을 때는 신이 났다. 어렸을 때는 남들과 같은 옷을 입고 같은 신발을 신는 것마저도 동질감을 느낄 수 있어서 좋았다.

극심한 경제위기를 겪었던 90년대 중후반에는 교복공급이 일시 중단되기도 했지만, 최소 학교 졸업 전 한 번 정도는 교복을 받을 수 있었다. 교복과 달리 신발은 금방 닳거나 망가지기 일쑤다. 특히, 북한의 도로는 한국에도 잘 알려졌듯이 상태가 매우 좋지 않다. 대중교통도 열악한 상황이라 신발이 참 빨리 닳는다. 공급해주는 신발은 금방 망가져 버리므로 교복과 달리 신발에 대한 특별한 규정은 없었다. 신발은 본인만의 개성을 드러낼 수 있는 중요한 영역이 되었다.

북한에서 신발은 경제적 수준을 가늠하게 해주는 지표이기도 하다. 국영공장들이 잘 운영되었던 시기 대부분은 국영상점을 통해 북한에서 생산한 신발을 사 신었다. 전체적으로 디자인의 종류는 단순했지

만 비슷한 경제생활을 영위하던 때에는 그게 자연스러웠다. 그러나 경제위기 이후 경제력의 차이는 사람들의 소비 흐름을 바꿔놓았다. 소위 '있는 집' 사람들은 남다른 패션을 통해 과시욕을 즐겼다.

더욱이 신발은 매우 은밀하면서도 확실하게 자신의 경제적 지위를 드러낼 수 있는 영역이다. 사회적으로 단정히고 깔끔한 '사회주의적 옷차림'이 요구되는 상황에서 신발은 사회적 시선의 주목을 덜 받고 사상성도 덜 드러나기 때문이다. 하루에 얼마나 걷는지, 어떤 도로를 이용하는지, 어떤 종류의 노동을 하는지에 따라 신발의 선택이 달라진다. 농사를 짓거나, 건설장에서 일하는 사람이 예쁜 구두를 신을 리가 없고, 또 사무직이라도 '업무용 차량'을 이용할 수 있는 직급의 사람과 그렇지 않은 사람의 신발은 다를 게 뻔하니까.

시장과 시장 메커니즘의 확산과 더불어 북한의 신발 수요도 증가했다. 이에 발맞춰 시장에는 다양한 디자인과 컬러의 신발들이 넘쳤다. 2000년대 초중반 북한을 휩쓸었던 '한류'도 소비자들의 소비 욕구를 한층 더 부추겼다. 한국 드라마를 통해 종종 '좋은 신발은 좋은 곳으로 데려다 준다'는 대사가 노출됐다. 이제 막 경제위기에서 벗어난 북한 주민들의 눈에 비추어진 풍요로운 한국과 이 대사는 그야말로 '환상의 궁합'이었다.

드라마를 통해 '학습'된 '신 남성'들은 사랑의 방식을 바꾸었다. 연인에게 신발만은 무조건 안 사준다던 인식에서 벗어나 사랑하는 사람에게 예쁘고 좋은 신발을 사주는 '바람'이 불었다. 그리고는 덧붙였다. "좋은 신발은 좋은 것으로 데려다준다며? 그게 어디든 좋은 곳으로 가길 바라. 물론 그게 나면 더 좋고"

최근 북한은 '송도'라는 새로운 신발 브랜드를 만들었다. 지난해에는 '봄철전국신발전시회-2019'를 열어 북한 전역에서 생산되는 다양한 디자인과 기능성을 갖춘 신발들을 대거 선보였다. 그러나 전시회는 전시회일 뿐이고, 여전히 공급량이 부족한 북한에서 소비되는 신발은 대부분 중국산이다. 중국산에 대한 품질 신뢰도는 낮은 편이다. 'Made in Korea'에 대한 인식이 좋고, 기능성이나 품질 면에서 훨씬 뛰어난 한국의 신발이라면 북한에서 좋은 성적을 기대할만하다. 북한 사람들도 한국산 좋은 신발을 신으면 좋은 길을 걷지 않을까?

정장 구두

신발도 의복도 보통은 남성용보다 여성용 가짓수가 훨씬 많은 것 같다. 정장 구두만 봐도 그렇다. 남자들은 블랙 혹은 브라운 계열의 몇 가지 디자인이 수십 년 전이나 지금이나 별 차이가 없어 보인다. 그러나 여성용 정장 구두는 색깔도 다양하고 매해 진화하는 디자인은 끝도 없다.

북한에서도 마찬가지, 남성용보다는 여성용 정장 구두가 선택의 폭이 넓다. 한국에 와서 가장 좋았던 점은 신발을 사기 전 발 모양에 따라 주문할 수 있다는 점이다. 내 발 볼은 평균보다 좀 넓은 편이다. 북에 있을 때도 한국에 와서도 신발을 살 때 사이즈만 보고 결정하면 무조건 낭패다. 특히 구두는 더욱 심했다. 새 신발을 사면 최소 한두

북한에 부는 한국 패션

달은 발등과 뒤꿈치가 늘 벌겋게 부어오르거나 물집이 잡혀 있었다. 북한에 있을 때 나의 신발은 늘 볼 부분이 잘 터졌다. 그만큼 시장에서 파는 신발의 품질은 좋지 않았다. 그렇다고 구두를 포기할 수는 없는 노릇이고, 아무리 예쁘고 좋은 구두도 나에게는 그림의 떡이었다.

구두를 고를 때는 딱 두 가지만 봤다. 우선 발볼이 맞는지 그리고 디자인이 무난한지.

북한에서도 신발을 소비자의 발에 딱 맞게 만들어주는 곳이 있다. 보통 제작한다고 표현하는데, 능숙한 신발수리공들이 아예 자재와 디자인을 선택하면 원하는 사이즈로 만들어준다. 북한에서는 여성 구두를 '뾰족구두' 혹은 '빼딱구두'라고 부른다. 보통 앞쪽이나 뒷굽이 뾰족해서 붙여진 것 같다. 어쨌거나 제작해 신는 신발은 아무리 소문난 신발수리공이 만든 것이라 해도 공장에서 만들어져 나오는 것만큼 맵시 있진 않다. 적어도 내가 살았던 주변에는 그런 장인이 없었다. 그래서 늘 불만이었다.

북한에서 남자 구두는 '행사용'으로 갖고 있는 사람들이 대부분이다. 사무직보다는 생산직이나 서비스업이 많고, 또 직업의 종류를 떠나 사무실에서 하는 일보다는 현장에서 할 일이 훨씬 많은 환경이기 때문이다. 심지어 당 간부들이나 행정 간부들도 회의나 행사 때가 아니면 편한 신발을 신고 다닌다.

북한의 지방은 비포장도로가 많고, 본업 외에도 각종 사회동원으로 구두를 신고 예쁘게 사뿐사뿐 걸어 다닐 일이 적다. 그래도 한창 멋 부릴 나이의 대학생들이나 직장인들은 그래서 학교나 사무실에 여벌의 신발이나 옷을 두고 다닌다. 그나마 이렇게 두고 나닐 수 있는 곳은 보안이 아주 잘 되어 있는 곳이다.

구두를 신고 다니기에 적합하지 않은 환경임에도 행사가 잦은 북한에서 구두에 대한 관심과 수요는 꾸준한 편이다. 김일성, 김정일 생일날은 물론, 북한이 전승기념일이라며 기념하는 7월 27일, 청년절 8월 28일, 이 외에도 각종 군중대회와 궐기 모임 등이 끊임없이 이어진다. 집에서 살림만 하는 전업주부들도 100 % 여맹(북한의 '조선사회주의여성동맹'의 약칭)원들이므로 이런저런 행사에 참여하게 된다. 행사 때 꼭 구두를 신어야 하는 것은 아니고, 기혼 여성들은 편리화도 많이 신는 편이다. 그래도 행사라고 잘 차려입은 옷을 돋보이게 하려면 아무래도 구두가 맵시 있다.

부츠

부츠 중 북한에서 인기 있는 종류는 크게 두 가지다. 하나는 여름철 필수 아이템인 레인 부츠-장화이고, 다른 하나는 겨울용 부츠-왈렌키다. 북한 지역에서 강수량이 제일 많은 강원도는 주로 레인부츠가, 겨울철 기온이 상당 기간 영하권을 머무는 함경도와 양강도, 자강도 지역에는 겨울 부츠가 많이 소비된다.

강원도에는 '마누라 없이 살아도 장화와 우산 없이는 못산다'는 진담 섞인 농담도 있다. 특히, 원산시는 노후된 하수도 시설 때문에 장마철이면 어김없이 물바다가 돼버린다. 도로포장도 제대로 되어 있지 않아 장화 없이 걸으면 발이 상하기 쉽다. 물론, 장화가 없는 사람들은 샌들이나 혹은 그냥 젖은 신발을 신은 채로 철퍼덕 걸을 수밖에 없다. 그나마 도로포장이 잘 되어있고 육안으로 확인 가능한 도로에서는 신발을 손에 들고 맨발을 선택하기도 한다.

2000년대 초중반 강원도에서 인기를 끌었던 장화는 바로 일명 '방울장화'로 불린 일본산 장화였다. 정확한 제조사명이나 브랜드는 알려지지 않고, 장화 목 부분에 작고 귀여운 한 쌍의 방울이 달린 '방울장화'는 당시 일본산 중고 자전거 혹은 TV 한 대 값이었다. 명품의 위력은 '짝퉁'이 알아본다고, 곧 중국산 '짝퉁'이 유행했다. 그러나 '방울장화'에 조금이라도 관심 있는 사람이라면 한눈에 진품과 짝퉁을 알아보는 놀라운 혜안들을 지니고 있었다. 비록 수수한 옷차림을 하고 있더라도 '방울장화'를 신었다면, 무심한 듯하면서도 확실하게 주인의 재력이 증명되는 셈이다.

원산에서는 심지어 겨울에도 장화를 자주 신는다. 안쪽에 기모나 털을 달아 보온기능이 우수한 '털장화'는 겨울 한낮에 눈이 녹아 질척거리는 도로에 제격이다. 다양한 기능성과 품질을 갖춘 한국의 장화라면 충분히 북한 사람들의 인기를 얻을 수 있다.

반대로 북한에서도 춥기로 유명한 함경도나 양강도 지역에서는 '왈렌키'로 불리는 털부츠가 인기다. 털부츠는 돈도 있고 멋을 아는 사람들이 예쁘게 신고, 대부분은 북한군(軍)에 공급되는 '군대 동화(冬靴)'를 많이 신었다. 2000년대 이전까지만 해도 '부츠'보다는 '왈렌키'로 더 많이 불렸는데, 이후에는 부츠라는 단어를 더 많이 사용한다.

왈렌키는 러시아산 겨울용 부츠를 이르는 말로, 구소련 시기 사회주의 동유럽 지역을 다녀온 유학생들을 중심으로 유행했다고 한다. 사회주의 진영의 붕괴로 러시아에 대한 환상이나 러시아어에 대한 인기도 사라졌고, 러시아어보다는 영어로 표현하는 것이 더 있어 보인다고 여겨져서인지 최근에는 '왈렌키'로 부르기보다 주로 겨울 부츠라고 부른다.

한국의 겨울 부츠가 북한에서 경쟁력을 가지려면 왈렌키에 버금가는 보온력을 갖춰야 할 것이다. 겨울철 '동내의'로 불리는 두꺼운 내복을 두세 개 겹쳐 입고, 양말도 두툼하게 신은 위에 또다시 솜을 넣어 누빈 동화를 신지 않고서는 최북단 지역의 냉혹한 겨울을 견디기 어렵다. 이동수단이 한정돼 있다 보니 매서운 바깥 환경에 장시간 노출되는 것 또한 중요한 고려사항이다. '겨울철 멋쟁이 얼어 죽는다'는 속설도 북한에선 우습게 여길 일이 아니다.

현재 북한에서 유통되고 있는 레인 부츠나 겨울 부츠는 대부분 중국산이다. 종류나 디자인이 다양하고 가격도 나름 저렴하다. 그러나 북한의 환경에서 중국산 신발들은 한 해를 넘기기 힘들다. 그만큼 북한에서 유통되는 중국산 신발은 품질이 대체로 떨어진다. 이에 비해 일본산은 가격이 비싸도 세련된 디자인과 높은 기능성으로 돈 있는 사람들에게 인기가 높다. 그러나 일본과의 교역이 중단되면서 공급물량이 매우 적다.

비가 많이 오고, 또 초봄 농사철에는 온 나라가 떨쳐나 '농촌지원'이라는 농활을 벌리므로 다양한 길이와 재질의 장화가 필요하다. 현재는 용도에 알맞은 다양한 디자인과 기능성을 갖춘 장화가 부족한 상황이다. 할 수 없이 '농촌지원' 철이면 거머리가 달라붙어 피를 빨릴 각

오로 다리를 드러낸 채 논밭에 빠져 일을 하거나, 궁여지책으로 천으로 만든 토시를 착용하고 일한다.

캐주얼화

캐주얼화의 사전적 정의는 격식에 매이지 않고 평상시에 가볍게 신을 수 있는 신발이다. 최근 대기업들을 중심으로 많은 회사에서 '캐주얼 데이(casual day)'를 운영하고 있다. 한 친구는 본인의 회사에서 캐주얼 데이를 운영하면서부터 옷 걱정을 더 한다고 했다. 예전에는 정장 몇 개를 돌려 입었는데, 이젠 따로 캐주얼을 사야 할 것 같다고, 그런데 뭘 사야 할지 모르겠다고 걱정했다. 말 그대로 격식에 매이지 않는 옷차림이라는 것이 참으로 애매하다면서, 그 경계선을 모르겠다고 했다.

예를 들면 신발 같은 것도 캐주얼 데이에 신을 수 있는 신발이 어디까지 허용되는지, 본인은 정말로 슬리퍼가 편한데, '그건 안 되겠지?' 이러면서 캐주얼도 상황이나 조직문화에 따라 허용 계선이 다르다는 것이다. 시대마다 접해 온 문화가 있고 사회통념이라는 것이 있어 격식의 기준이 다르다. 더 정확하게는 사람마다 다르다고 해야 할 것이다.

북한에서 캐주얼화와 가장 잘 비슷한 신발은 아마도 운동화, 편리화일 것이다. 주로 '신의주신발공장'에서 생산되는 제품의 인기가 높은데, '인민 신발'이라고 해도 과언이 아닐 만큼 누구나 일 년에 한두 켤레는 신을 정도다. 북한에서 캐주얼화는 격식에 매이지 않는 신발보다는 편하게 신을 수 있는 신발이라고 표현하는 것이 북한의 상황에 더 잘 맞을 것 같다. 북한에서는 캐주얼이라는 단어가 무색할 만큼 일상이 캐주얼 그 자체다.

정치적 행사를 빼고 그저 깨끗하게만 입는 것이 중요하다. 신발도 깨끗한 것이 격식을 차린 것이다. 천과 고무바닥으로 된 심플한 디자인이라고 해도 하얀색의 고무(가끔은 검은색도 있지만)를 늘 하얗게 닦고 다니는 게 단정하다.

한국에서는 거리를 가다 보면 하얀 슈즈를 신은 사람들 가운데 하얀색인지, 베이지인지, 아니면 어떤 브랜드처럼 일부러 낡은 것 같은 원단을 쓴 것이 알 수 없는 '하얀' 신들이 종종 보인다. 북한식으로 표현하면 때가 앉아 '꼬질꼬질'해진 신발이다. 그런 신발들을 그냥 신고 나가면 '단정하지 못한 사람'이 된다. '사회주의 생활양식'에 맞게 바지 주름을 칼날같이 세워 입어야 하는 것처럼 신발 또한 깨끗하게 신고 다녀야 한다.

그래서 북한의 캐주얼화는 '격식'보다는 '깨끗함'이라는 단어로 기준을 정하는 것이 더 잘 맞을 것 같다. 그리고 신발이 지나치게 화려한 것도 별로 선호되지 않는다. 아이들의 신발은 화려해도 괜찮은데, 성인용 신발은 심플하고 단정한 디자인을 좋아한다. 그런 단순한 디자인이 또 세련되었다고 여겨진다.

스포츠 및 등산화

스포츠화는 특정 운동을 위해 만들어진 신발이다. 예를 들면 축구화, 농구화, 야구화 등이 있다. 북한에서 스포츠화 중에 가장 많이 들어본 것은 바로 축구화다. 북한 사람들은 축구를 좋아한다. 한국에 정착해 사는 북한 사람 가운데 남자치고 축구모임이 들지 않는 사람을 찾기 어려울 정도로, 대부분 축구를 좋아한다.

어느 회사에 가든 어느 모임에 가든 북한 사람들은 운동, 하면 가장 먼저 축구를 떠올린다. 심지어 어렸을 적 학교에서 다녔던 '수학소조(동아리, 클럽)'라고 전문 수학 문제만 푸는 동아리에서도 선생님이 휴식시간에 축구를 시켰다. 남녀가 섞여 있던 동아리라 축구도 남녀가 함께 놀았다. 남자 위주의 플레이를 방지하기 위해 선생님은 여자가 넣은 '골'만 인정해줬다.

축구에 대한 애정 때문이었는지 스포츠화 가운데 유독 축구화가 인기를 끌었다. 특히 외국을 드나들 수 있는 친척이나 지인을 둔 사람들은 축구화 부탁을 자주 받았다. 남자 어린애가 있는 집안에서는 매일 축구화를 사달라는 시달림을 받을 정도였다. 2000년대 즈음부터는 굳이 외국을 가지 않아도 시장에 가면 다양한 스포츠화 구매가 가능했다.

그러나 전문 스포츠선수가 아닌 다음에는 대체로 축구화, 농구화 정도로 끝냈다. 한국과 달리 북한은 야구에 별로 관심이 없다. 그렇다고 야구가 아예 없는 것은 아니다. 북한에서는 야구가 자본주의 '있는

놈'들의 운동이라는 이상한 편견을 가지고 있다. 그래도 지인 가운데는 북한에서 '소프트 볼'이라고 부르는 운동을 한 사람이 있는데, 그것이 야구였다고 한다. 대중에게는 잘 알려져 있지 않지만 국가대표 선수를 키울 만큼 북한도 야구 꿈나무들을 육성하는 것 같다.

한국살이 초기엔 물건을 살 때마다 당황스러운 적이 많았다. 그냥 많은 것이 아니라, 너무나도 많았다. 북한에서는 운동화를 휴즈(혹은 슈즈)로 통칭하는데, 한국에서는 워킹화, 등산화, 안전화 등등 너무 종류가 많아서였다. 북한에서는 평소 산에 자주 간다. 등산을 위해서가 아니라 학교에서 쓸 땔감을 마련한다든가, 도토리를 줍는다든가 등등이다. 심지어 어느 해인가 외화벌이를 한다고 학생들을 산으로 내몰았다. 노랗게 예쁜 색으로 마른 솔잎과 금은화를 따기 위해서다. 솔잎은 압착하여 무슨 원료로 쓰이는 재료라고 설명했고, 금은화도 암튼 수출을 위해서라고 말이다.

살던 지역은 산과 조금 멀리 떨어져 있어 산에 가는 날이면 자동차를 조직해(북한에서는 차를 준비하는 것을 차조직 한다고 표현함) 차를 타고 이동해야 했다. 모두가 집에 있는 신발 가운데 가장 튼튼하고 가능하면 발목 부분까지 커버할 수 있는 신발을 신고 왔다. 어떤 친구들은 뱀에 물리기 싫다며 한여름에 장화를 선택했고, 어떤 친구들은 평소에 신는 운동화나 편리화를 그냥 신고 오기도 했다. 북한의 '운동화(주로 남성용)'나 '편리화(여성용)'라고 불리는 것들은 캔퍼스화 비슷한 것이다. 다만 디자인이나 색감은 완전히 딴판이다. 겉감은 '곤청색'이라 불리는 진한 남색의 원단을 사용했고 바닥은 하얀색의 고무를 사용했다. 가격은 비교적 저렴하지만 한 해만 신어도 금방 해진다.

북한에 부는 한국 패션

북한은 어딜 가나 산이 많다. 또 산에서 하는 일도 많다. 그래서 신발이고 양말이고 빨리도 해진다. 한국에서 생산되는 스포츠화나 등산화를 북한에 판매한다면 인기가 많을 것이다. 특히 한국산 '휴즈'는 매우 품질이 좋은 걸로 소문났다. 북에 있을 때 한 지인이 신고 온 신발이 예쁘다고 말하자 조용히 귓속말로 응대했다. "이거 아래쪽 물건이잖아. 지금 3년째 산으로 들로 끌고 다니는데 아직 멀쩡해" 그러면서 엄지손가락을 치켜들었다.

아동화

언제부터인가 한국의 출산율이 매우 심각하다는 것이 다양한 이유로 회자된다. 2018년 기준 0.98명으로 1명이 채 안 된다. 북한은 어떨까? 북한 출산율에 대한 정확한 통계는 발표되지 않았으나, 다양한 의견들이 존재한다. 공통적인 점은 인구대체선(2.1) 아래의 수준일 것이라는 데에 이견이 없다. 이제는 북한도 출산율을 걱정해야 할 때이다.

아이를 적게 낳는 추세(트렌드)는 고난의 행군 이후 확실하게 자리 잡았다. 어렸을 적 어른들이 집에 형제가 몇이냐고 물으면 보통 우리 또래 아이들은 '둘'이라고 대답했다. 물론 외동도 적지 않았다. 우리 학급에도 외동이 셋이나 있었다. 2000년대 들어 형제가 셋 이상이라고 대답하면 대놓고 빈정거림을 당했다. "아이고, 시골에서 왔나 봐?"

"애국자네!" "부모님 금술이 좋다야!" 등등

뒤에서는 더 적나라한 뒷담화를 해댔다. "이런 비상시국에 참 미개하기도 하지" "깨지 못해서 그래" 키 제한을 두던 '인민군대' 초모 기준이 사라지고, 남자는 키에 상관없이 무조건 군대에 나갈 수 있게 됐다. 그만큼 북한도 이제는 인구감소를 걱정해야 할 만큼의 수준이라는 것을 방증하는 얘기다. 상황이 이렇다 보니 한둘 낳는 아이들에 대한 부모들의 관심과 투자가 예전보다 높아졌다.

요즘은 사교육은 기본이고, 최소 남들이 입는 의복 수준은 맞춰주려고 한다. 어른들의 의복만큼 아이들의 옷과 신발도 가격이 만만치 않다고 한다. 또 어른들은 경제 형편에 맞추어 절제하며 살 수 있지만, 아이들은 다르다. 눈에 좋아 보이고 예뻐 보이는 것은 부모들에게 사달라고 조르기 일쑤다. 물론 어느 정도의 가정 형편이 따라줘야겠지만, 조금 더 고생하더라도 아이들에게만큼은 최대한 잘 해주고 싶은 것이 부모들의 마음이다.

그래서인지 북한에서 아동용 의복과 신발들도 잘 팔리는 편이라고 한다. 요즘은 한국에서처럼 발걸음을 뗄 때마다 소리가 나고 불이 들어오는 신발도 인기고, 또 알록달록 예쁜 색감도 여자 어린이들의 선택을 많이 받는다고 한다. 출산율 하락과 아동용품 매출의 상관관계는 아이러니하게도 양의 관계인 것 같다.

아이들의 돌잔치는 북한에서도 크게 하는데, 얼마 전 북한의 지인이 아이의 돌잔치에 필요하다며 특정 브랜드의 한국산 아동용 신발을 부탁했다. 본인의 아이는 아니고, 선물할 거라고 했다. 잘 보여야 할 집안이라 특별히 신경 쓰는 것이라고 했다. 한편으로는 좋은 세상이 됐다는 생각도 들었다. 비록 남북이 여전히 적대관계를 유지하고 분단된 상태이지만, 북한에서 한국 상품을 요구하고, 또 그걸 어떻게든 북한으로 보낼 수 있게 된 셈이다. 물론 직접 건네주면 참으로 좋으련만, 중국이라는 중간과정을 반드시 거쳐야 하는 아쉬움은 여전하다.

북한에서는 아이들을 나라의 왕이라고 한다. 김정은 정권 들어 초등학원, 중등학원(고아들을 모아 숙식과 교육을 나라에 직접 하는 곳)에 대한 투자가 늘어나고, 예전에 비해 도망가는 아이들도 적어졌다고 한다. 예전에는 오히려 초등학원, 중등학원에서 밥을 잘 주지 않고 노동만 시켜서 딱 봐도 왜소하고 영양이 부족해 보이는 얼굴로 똑같은 교복을 입은 애들이 동정의 대상이었는데 지금은 많이 좋아졌다고 한다. 부디 '나라의 왕'까지는 아니더라도 또래 나이에 어울리는 공부를 하고, 배고픔을 모르고 예쁜 신발을 신고 마음껏 뛰어노는 환경이 북한에도 만들어졌으면 좋겠다.

슬리퍼

여름은 '슬리퍼의 계절'이라 해도 과언이 아닐 만큼 형형색색의 슬리퍼들이 눈에 띈다. 꼭 여름은 아니더라도 요즘 학생이나 고시 준비를 하는 사람들을 위주로 겨울에도 두꺼운 양말 위에 슬리퍼를 신을 만큼 애용한다. 슬리퍼는 편리함 하나만으로도 고시생이나 자취생들의 '필수템'으로 충분하다 북한에서도 동네 주변을 돌아다닐 때는 슬리퍼를 많이 이용한다. 어렸을 적 동네에서 가장 많이 본 슬리퍼는 애초부터 슬리퍼로 만들어진 신발이 아니고 실컷 신다가 낡아버린 신발의 뒤꿈치 부분을 접어 신거나, 아예 잘라내어 슬리퍼 형태로 만들어 신는 것들이 대부분이었다. 그러나 슬리퍼는 어디까지나 '동네용'이다.

회사 출근은 물론 행정기관 사무를 볼 일이 있거나 학교에 갈 때 슬리퍼 착용은 꿈도 못 꾼다. 북한 사람들에게 슬리퍼는 일종의 이너웨어(inner wear) 같은 느낌이다. 속옷만 입은 외출을 상상할 수 없듯이 슬리퍼를 신고 공적인 사무를 보거나, 학교와 같은 공적인 공간에는 절대로 갈 수 없다. 만약 슬리퍼를 신고 공적인 공간으로 간다면 두 가지 취급을 당할 수 있다. 성인이라면 앉을 자리 설 자리 모르는 바보 취급을 당하거나, 미성년자라면 또래 아이들에게 놀림을 당하고 선생님이나 주변 어른들로부터 이런 꾸중을 들을 것이다. "너의 부모님은 널 어떻게 가르쳤니?"

더욱이 북한의 도로는 포장되지 않은 곳이 많다. 흙먼지가 심하고 또 대중교통이 발달하지 않아 평소 걷는 거리도 길다. 그러다 보니 슬리퍼를 신고 오랜 시간을 걸으면 불편하고, 또 먼지로 금방 더러워진 '맨발'을 보여주게 되는데, 특히 여성의 경우 그런 상태를 다른 사람들에게 보여주면 '여성스럽지' 못하거나 '깨끗하지 못한 여자'로 낙인찍히게 된다. 워낙 지역 간 이동이 적고 한 거주지에서 몇 십 년을 사는 것은 일반적이라, 그런 시선으로 한 번 기억되면 이미지 변화를 하기가 힘든 환경이다.

2000년대 들어서부터 슬리퍼의 종류가 늘어났고, 가격도 다양해졌다. 낡거나 그리 비싸지 않은 신발을 접어 신는 슬리퍼가 아니라 애초부터 슬리퍼로 만들어진 제대로 된 슬리퍼다. 물론, 슬리퍼 매장의 대부분을 중국산이 차지했다. 색깔도 예쁘고 리본이 달린 것이 있는가 하면 굽도 높아서 여성들의 관심을 끌어당기는 데 충분했다.

변화된 환경도 슬리퍼의 수요를 높였다. 개인의 자금을 투자해서 만드는 식당과 미용실 등 소규모 서비스업종의 공간들이 늘었고, 이런 공간들에서 일하는 종사자들은 슬리퍼를 애용했다. 아예 단체로 비슷한 슬리퍼를 공급해주는 곳도 많아졌다. 여전히 공적 공간으로 슬리퍼를 신고 가는 것은 금기지만, 슬리퍼의 활용도는 높아졌다.

멋을 부리려고 예쁘게 신는 슬리퍼, 농촌지원이나 동네를 돌아다닐 신고 벗기 편리해서 신는 슬리퍼, 비가 오는 날 마땅히 신을 장화가 없을 때 신는 슬리퍼 등등. 남녀노소 할 것 없이 누구나 슬리퍼를 신는다.

작업 안전화

"공사 기간 중 통행에 불편을 드려 죄송합니다. 조금 늦더라도 꼼꼼하고 안전하게 시공하겠습니다." 한국에 와서 이런 문구를 볼 때마다 정말 신기했다. 건물을 짓거나 하수도관을 파헤치거나 규모가 크든 작든 모두가 이런 안내 표지판을 세웠다. 표지판 옆에 신호봉을 들고 안전복을 입은 안전감시원들이 사람들의 통행을 안전하게 도와준다. 너무나 친절해서 처음에는 왜 이러는지 이해하기 어려웠다.

심지어 내 기준으로는 공사장이 너무나 조용하고 깨끗했다. 푸른 색깔의 천 비슷한 것들로 둘러막아 먼지나 낙상을 방지하는 것들도 보이고, 방음벽을 만들어 현재 소음 수준이 몇 데시벨인지 친절하게 안내도 해주고, 공사장들에 보이는 모든 것들이 너무나 신기했다. 이런 안전장치들에 감탄이 나오는 이유는 북한 사람치고 공사장 경험을 해보지 않은 사람들이 없어 자연스럽게 북한과 비교하기 때문이다.

북한에서는 학생이든 회사원이든 본업이 끝나고 나면 반드시 노력 동원을 간다. 노력 동원의 종류는 다양하다. 건물을 짓고, 발전소를 세우며, 염소목장을 만들고, 심지어 고속도로 보수공사도 한다. 그러다 보니 다양한 공사장 경험이 있다. 북한에서 최소 중학교 이상의 나이를 살아본 사람이라면 공사장 경험이 없는 사람이 없다. '돌격대'로 전문 공사장으로 동원되면 훨씬 힘들다고 들었는데, 다행히 그런 경험은 해보지 못했다. 그래도 나름 많은 경험을 했는데, 가장 인상 깊었던 것은 고속도로 보수 건설장이었다. 대학 때 학급별로 담당 구간이 정해졌고, 우리 학급은 여러 조로 나뉘어 누구는 시멘트와 모래, 자갈을 일정한 비율로 섞는 작업을, 그 섞는 작업을 위해 물을 나르는가 하면, 또 누구는 플라스틱 대야에 몰타르를 담아 도로 위로 날랐다. 그러면 또 도로 위에 큼지막한 나무막대기를 든 사람들이 열심히 몰타르를 두드렸다.

안전문구나 안전장치는 전혀 없었고, 좀 나은 사람들은 장화를 신었다. 보통 운동화나 편리화를 신었고, 가끔 귀찮다고 맨발로 뛰어드는 사람들을 학급의 소대장이 말렸다. 보통 대학에서 학급을 책임지는 소대장은(대학부터 북한은 군대식으로 운영된다. 소대장은 보통 제대군인이 하고, 제대군인은 훨씬 공사 경험이 많은 사람들이다.) 맨발로 몰타르를 밟으면 발에 구멍이 난다며 난리를 쳤다. 그래도 흘려듣다 발을 다쳐 고생하는 사람도 있었다.

작업 안전화만 봐도 한국은 종류가 정말 많다. 북한에도 작업 신발이라는 단어가 있지만, 이때의 작업 신발은 근로자의 발을 보호하는 신발이라는 의미보다는 질기고 튼튼하며 막 신어도 아깝지 않다는 의미가 내포되어 있다. 이와 달리 한국에는 용도에 따라 종류가 나뉜다. 발의 찍힘이나 찔림 등으로부터 보호하기 위한 '발등 안전화', 감전사고를 예방하기 위한 '절연화', 또 튼튼하고 전체적으로 발을 보호하기 위한 '가죽제 안전화' 등이 있다. 북한에서는 꿈도 못 꿀 일이다.

북한은 김일성 시대부터 노동환경 개선을 중요한 사업으로 진행해 왔고, 노동법령도 한국보다 훨씬 먼저 만들었다. 그러나 오늘날 북한의 노동환경은 정말로 열악하다. 그러나 모두가 그런 환경에서 일하다 보니 얼마나 위험한지조차 깨닫지 못한다. 백문이 불여일견이라는 말이 있다. 만일 북한 사람들이 한국을 한 번이라도 방문할 수 있다면, 그것만으로도 많은 변화가 있을 것이다.

2부

미를 위한 투자

우리도 아름답고 싶어요

CHAPTER 3

화장품

'얼굴 투자를 아끼지 말자!' 요즘 북한 여성들도 이런 말을 자주 한다. 현대 문명을 살아가는 데 있어 화장은 일종의 '외출 의례'같은 것인데, 특히 북한사람들에게 있어 여성들의 화장은 '예의'로 여겨진다. 출근 이나 각종 모임에 참석하는 경우 단정한 옷차림과 함께 과하지 않은 화장을 하는 것은 필수다. 안 그럼 '개념없는 여자' 취급을 받을 수도 있다.

여성들이 피부 관리에 신경을 쓰는 모습은 그리 낯설지 않다. 한국 은 70년대에 남성 화장품을 출시했을 만큼 남성들도 피부 관리에 관 심이 높다. 최근에는 다양한 화장품이 출시되면서 남성들도 피부에 맞 는 화장품을 골라 쓴다. 얼핏 생각하기에는 북한 여성들이 가족의 생 계를 책임지고 시장에서 돈을 벌거나 온갖 대중동원에 나가는 데 화장 이 웬 말이냐 하겠지만, 북한 여성들도 한국 여성들과 별반 다르지 않다.

화장품과 관련하여 재미나는 에피소드가 있다. 몇 년 전 중국에 있는 지인을 통해 북한 접경지역 여성에게 한국산 화장품 '미샤'와 '한율'을 선물한 적이 있다. 그런데 이 여성들이 모두 미샤가 아닌 한율을 선택했는데, 이유는 너무 단순하다. 미샤가 한자로 되어 있어 중국에서 만들어진 '짝퉁'이라는 것이다.

한율은 우리나라 한방요법이 적용된 기능성 화장품이고 「미샤」 역시 고급 화장품이어서 여성들이 선호하는 화장품이라는 설명을 해주었는데도 떨쳐버리지 못한 불신은 전화기 너머에까지 느낄 수 있었다. 사용 후 이들의 반응은 참 고맙게도 "살결이 매끈매끈해졌다, 주름이 없어진 것 같다, 건조한 피부였는데 요즘 한국 화장품을 쓰면서 정말 사람이 달라진 것 같다, 가까우면 매번 아랫집 화장품을 쓰고 싶다"로 대신했다.

북한 주민들의 한국 상품에 대한 사랑은 대단하다. 특히, 여성들의 경제활동으로 위상이 높아진 최근에는 여성용품에 대한 선호도가 대단히 높다. 북한 주민들은 고난의 행군 이후 지속 적으로 중국산 제품을 사용해오고 있다. 생활필수품을 중국산으로 사용하다가 2010년대 초중반부터 한국에서 생산된 제품을 사용하고 있는데, 만족도는 당연히 한국산이 위다. 이때부터 중국산에 대한 불신이 높아지게 됐다. 이런 인식이 선물로 보낸 화장품 소유에도 영향을 준 것이다.

> 북한 주민들에게 한국산은 부의 상징으로 통한다.
> 특히, 화장품은 여성들에게 고급상품으로 인식되고 있다.
> 결혼하는 신부들이 받는 예물 함에
> 한국산 화장품이 포함돼 있으면 '시집 잘 갔다'는
> 말을 들을 정도다.

품종을 떠나 한국산은 북한 시장에서
최고 가격으로 거래된다.

신랑집이나 신부집 가릴 것 없이 돈 좀 있는 집에서만 한국산 화장품을 마련하기 때문에 '결혼 잘했다'는 평가를 받는다. 일부이긴 하지만 약혼식 때 예물함에 한국산 화장품이 없는 경우 예비 신부의 서운함은 꽤 오랫동안 마음에 남는다는 이야기도 있다.

북한 여성들의 화장품 수요는 시대가 흘러가면서 다르게 나타난다. 1970년대에는 로션과 분이 대표 화장품이었다면, 1980년대에는 파운데이션으로 불리는「피아스크림」이 더해졌다. 1990년대에는 먹고살기 바빠 화장을 한 사람이 오히려 이상할 정도였다. 그러나 2000년대부터 북한 여성들의 화장에서는 변화가 나타났다. 여성들이 화장품에 관심을 두게 된 데는 먹고사는 문제가 조금씩 해결되고 있다는 것과 북한 내 화장품 생산이 압도적으로 많아진 것이 주요 원인으로 꼽힌다. 또 외부 문화가 많이 유입됐던 2000년대를 지나 수만의 탈북민이 발생한 2010년대에는 한국에 있는 가족들을 통해 한국산 화장품이 북한으로 유입되었다.

기초화장품

튼튼하고 멋진 집을 지으려면 기초가 우선 든든해야 한다는 것은 누구나 잘 알고 있다. 화장품에서 기초라고 함은 화장을 하는 데 기본이 되는 화장품이다. 기초화장품의 기본은 스킨, 로션, 크림인데, 화장다운 화장을 해야 한다면 토너도 함께 사용하는 게 아무래도 좋지 않을까. 에센스나 앰풀 세럼도 토너와 비슷한 것인데, 각자 화장하는 당사자의 피부 상태에 따라 사용이 엇갈릴 수도 있겠다. 로션만 사용하기보다는 스킨을 함께 사용하면 피부가 더 매끄럽고 좋아질 것이다. 스킨에 포함된 오일 성분이 피부를 보호하는 데 효과가 좋다고들 한다.

북한의 은하수, 봄향기, 금강산, 개성고려인삼 화장품에서 기초화장품으로 분류 되는 살결물과 물크림은 한국 주민들에게는 생소한 이름이다. 하지만 고향을 북에 둔 나에게는 정겹게 들린다. 북한 주민들도 한국산 기초화장품 용어인 스킨, 로션이라는 말을 자주 사용하다 보면 정겹게 느낄 수도 있지 않을까?

한국에서 1980~1990년대에 일상적으로 사용하는 기초화장품은 북한 주민들에게 낯선 용어였다. 그러나 지금은 적지 않은 사람들이 사용하고 있다. 2010년대 중후반에 들어 북한 노동신문의 신의주화장품공장과 평양화장품공장 관련 기사에 기초화장품을 기본화장품이라고 소개된 적이 있었다. 한국에선 "화장을 했어?"라는 질문에 "스킨로션만 발랐다"고 하겠지만 이 때 북한 여성들은 "기본만 발랐다"고 한다.

북한이 화장품 산업에 관심을 둔 시기는 2010년대 중국 등에 화장품 수출을 하게 되면서다. 그 배경에는 김정은의 집권과 국제사회와의 교류들을 들 수 있다. 북한이 국제화, 문명화를 언급하면서 경공업 부문에서 많은 혁신을 이뤄가고 있는 것이 여성들의 미를 추구하는 데 있어 없어서는 안 될 화장품에 대한 인식을 바꾸는 데도 영향을 주었다.

북한 여성들에겐 스킨로션을 바르는 것으로 화장 아닌 화장을 해

왔던 시간들이 많았지만, 지금은 한국여성들의 화장법과 비슷한 화장을 일상적으로 하고 있다. 북한 주민들이 귀에 설은 스킨, 로션으로 아름다움을 가꿔가는 모습을 상상하면 내 마음에 핑크색 꽃이 피어난다. 북한산만 사용하는 여성들이 남북교류로 한국산 기초화장품을 사용하게 된다면 웃음꽃이 피워날 것 같다.

북한 일반 남성들은 화장에 익숙하지 않다. 하지만, 공연 등 예술부분에 종사하는 사람들 중에는 화장에 대한 거부감이 없다. 최근에는 남성 전용화장품도 생산되고 있다. 북한 화장품도 외국 유명브랜드처럼 디자인이 점차 세련되면서 주민들의 호응을 얻고 있다.

여성전용화장품

남북한 모두 여성용 화장품은 남성용보다 종류가 아주 다양하다. 북한 여성들이 다양한 종류의 화장품을 접하게 된 것은 불과 10여 년 전부터다. 과거 북한은 해당화라는 크림을 생산하여 판매한 적이 있다. 주로 배우, 가수 등 예술인들이나 직장 출근시나 공연 행사 때 사용했다. 특히, 풀 화장은 설맞이, 4.15(김일성 생일)공연과 2.16(김정일 생일)공연 그리고 12월 24일(김정숙 생일) 공연 등 무대에 오를 때만 한다. 화장품 사용계층이 특정 부분으로 정해져 있을 정도였다.

내가 개성지역에서 살던 그 시절 개성화장품 공장에서 생산한 화장품을 선물로 받은 적이 있다. 포장 없이 네모난 통에 담겨 있었던 화장품은 살결물(스킨), 크림(로션), 분(파우더), 동백 머릿기름과 된머리 기름, 향수 등 5종으로 되어있었다. 당시 가격은 세트에 북한 돈 70원 이었다. 일반 회사원의 월급이 120원이었던 것에 비하면 상당히 비싼 편이다.

당시에는 화장품을 일상적으로 사용하는 사람들이 별로 없었던 시기다. 조직적으로 진행되는 정치행사나 문화행사 그리고 주민들 간 축하를 받는 일이 있는 날에 화장을 했다. 여성들이 조금만 짙은 화장을 하고 나서면 속된 말로 '바람났다'라는 말을 들을 정도였다. 여성에 대한 편견이 심했던 시기다. 당시 여성이 애인에게서 화장품을 선물로 받으면 주변에 소문이 날 정도였다. 선물을 준 남자는 인기를 끌었다. 그만큼 대부분의 여성들이 화장품에 관심을 둘 수 없는 환경 속에 살았던 것이다.

하지만 2010년대에는 대학생들도 화장품에 관심을 둘 정도로 화장품 사용계층이 넓어졌다. 얼마 전까지만 해도 손에 크림을 바르는 것을 사치스럽게 생각했던 현장 노동자와 협동농장원들도 주머니에 크림 하나쯤은 넣고 다닐 정도다. 도시주민들은 평일은 물론 휴식 일에도 화장하고 외출한다. 최근 입수한 북한 내부 영상에 등장하는 여성들의 피부는 얼핏 봐도 뽀얀 살결을 자랑하고 있어 한국여성들과 다르지 않아 보인다. 십 수 년 전과 비교하면 비약적인 발전이다.

2000년대 말 살결물과 물크림 그리고 '뻬아스'라고 불리는 파운데이션이 화장품의 대표 품목이었다면 지금은 영양크림 보습크림을 비롯하여 주름개선 크림과 햇빛방지크림(선크림) 등 종류가 다양하다.

대부분 시장에서 팔리는 북한산 화장품의 이름은 봄향기, 은하수,

미래, 금강산이다. 가장 대중적으로 사용되는 봄향기 화장품은 평안북도 「신의주화장품공장」에서 생산된다. 봄향기 화장품에 대한 주민들의 평가는 아주 좋다. 피부가 부드러워지고 여드름도 없어지고 미백기능까지 추가돼 여성들이 피부색이 하얗게 된다는 평가가 이어지면서 인기다. 특히, 중년여성들에게는 봄향기 화장품 6종 세트가 인기를 끌고 있다. 주름을 없애주고 미백효과를 동시에 볼 수 있어 대중적 인기를 끌고 있는 것으로 알려진다.

그다음으로 인기가 있는 품목은 평양화장품공장의 은하수 화장품이다. 현재 131종 460여 가지가 생산된다. 화장품 개발자들의 노력으로 북한 내 인지도가 상승하고 있다. 은하수 화장품은 젊은 층들이 선호하는 화장품으로 국내 고객도 확보한 상태다. 미래 화장품도 최근 젊은 층에서 선호하는 화장품이다. 일반 백화점과 시장에서 다양한 디자인으로 20~30대의 구매력을 높이고 있다. 북한 조선중앙TV는 인터뷰를 통한 주민들의 반응을 담은 영상을 내보내고 있다.

남성전용화장품

한국에서는 남성들의 기초화장품 사용은 일상화되어 있다. 하지만, 북한 남성들은 스킨로션을 바르는 것 자체가 익숙하지 않을 정도다. 피부 관리에 대한 인식이 없었다고나 할까. 남성들은 본인들이 화장을 하지 않기 때문에 여성이 화장하는 것도 싫어하는 경우가 다반사다. 2000년까지만 해도 행사와 같은 특별한 날이 아닌데도 여성들이 화장을 하면 "바람났나"라는 말을 할 정도로 여성들의 화장에 대해 부정적이었다.

양강도의 한 마을에는 화장품 하나 때문에 이혼을 한 가정이 있었다. 60년대 결혼할 당시 이 부부는 평양에서 살았다. 아내는 결혼 후 아들딸 셋을 낳고 평양방직공장에서 일했다. 아내는 출근하면서 화장을 하게 되었고, 이를 지켜본 남편은 못 생겨서 화장을 한다고 한마디 거들었다. 이것이 발단이 되어 아내 친척이 남편을 구타했고, 이 때문에 수도 평양에서 양강도 오지 농장으로 추방을 당했다.

사소한 화장에서 비롯된 비극으로 주변 주민들의 안타까움을 사기도 했다. 이처럼 북한 남성들은 여성들의 화장을 남성들에게 던지는 '추파'로 생각했다. 이런 사회적인 풍조가 여성들의 화장 문화를 많이 뒤떨어지게 했다.

하지만 2010년대 초반부터 화장품 광고가 중앙TV에 나타나고 화장품 회사에서도 남성화장품을 출시해 시중에 유통하면서 화장은 이젠 더 이상 여성만의 영역이 아니게 되었다. 실제 북한에서 화장품 구매자 중 30 %가 남성 고객으로 이들은 남성전용화장품을 사고 있다고 한다. 최근 북한 영화나 텔레비전 화면에서 남성들의 피부가 좋아보이는 이유가 여기에 있지 않을까 싶다.

한국의 남성 화장품은 70년대부터 꾸준히 발전해오고 있다. 주요 화장품 기업들은 다양한 제품들을 출시하고 있다. 향후 북한과의 교류에서 남성화장품 브랜드도 여성화장품에 못지않게 인기를 끌 것으로 생각한다.

북한에 부는 한국 패션

색조화장품

색조화장품의 소비가 점점 늘고 있다. 화장법을 가르쳐주는 인기 유튜버들 덕분에 과감한 시도를 하는 일반인들도 늘었다. 색조화장품으로는 틴트, 블러셔, 아이섀도 등이 꼽힌다. 아이섀도와 블러셔는 젊은 층에서도 사용하기도 한다. 특히, 봄에 더 많이 사용하고 있다. "봄이 되니 샤방샤방 하네" 이런 말을 들으면 주변이 밝아지는 듯한 느낌을 받는데, 봄에 아이섀도를 이용한 여성들을 보면 보는 이의 마음도 밝아지는 느낌이다.

일부 젊은 층에서는 틴트 정도는 하지 않을까 싶기도 하지만, 색조화장품 사용은 현재도 사용영역이 미미하다. 친척 방문목적으로 중국에 잠시 와있던 북한 여성은 딸을 위해 색조화장품을 사서 입국했으나, "이런 화장품을 어디에 어떻게 사용하는지도 모르겠지만, 이 화장품으로 화장을 하고 밖을 나가면 정신병자로 손가락질 받을 것 같다"라며 거절했다는 이야기도 있다.

그만큼 북한 여성들에게 색조화장품은 익숙한 화장품이 아니다. 북한 내부적으로도 짙은 색조화장품 사용 사례가 많지 않다. 그러나 최근 들어 "눈등분"이라 부르는 아이섀도를 비롯해 일부 색조화장품들이 생산되면서 선호하는 여성들도 증가하는 추세다.

기능성화장품

다양한 기능을 보강한 화장품들이 출시되고 있다. 미백은 물론이고 영양을 고려한 제품과 높은 연령대의 고민인 주름을 없애주는 주름 개선 화장품도 이젠 일반적으로 사용하는 화장품이 됐다.

북한도 마찬가지다. 2010년대부터 현재까지 화장품 개발이 지속적으로 이뤄지면서 기능 화장품이 대량 출시되고 있다. 북한 금강산합작회사에서 만드는 개성고려인삼화장품은 30여 가지의 천연 기능성 약재를 이용하여 만든 화장품이다. 개성고려인삼 추출물과 장미 정유, 살구씨 기름 비타민 E, 히알루론산 등 여러 기능성 약재들을 포함하고 있다. 장미정유는 신경을 완화하고 피부의 과민반응을 억제하고 염증을 방지하는 한편, 노화와 피부 건조에도 도움을 주고 있는 것으로 알려져 있다.

최근 북한에서는 화장품의 독성과 알레르기에 대한 사용자들의 우려를 감안해 천연재료를 많이 사용하고 있다. 평양화장품공장과 신의주화장품공장, 금강산합작회사들은 개성고려인삼과 장미꽃 등 천연식물의 추출물을 활용한 화장품을 개발하고 있다. 보습이 필요한 피부나 기름성 피부에도 좋은 효과를 보이는 것으로 알려지고 있다.

현재 화장품 전문 매장들에서는 구매자들의 피부를 측정해주는 등 다양한 서비스를 병행하면서 북한 주민들의 높은 호응을 얻고 있다. 기능성 화장품이라는 말이 어색하게만 들렸던 2000년대와는 달리 최근에는 화장품 구매시 기능을 일일이 확인한다. 기초화장품도 제대로 사용하지 않던 북한 주민들이 피부에 맞는, 피부를 보호하기 위한 기능성화장품을 찾고 있는 것을 보면, 변화하는 북한의 모습을 다시 한 번 생각하게 된다.

마스크팩

북한에서는 마스크 팩을 '미안막'이라고 한다. 미안막의 미는 아름다울 미(美)이고, 안은 얼굴 안(顔)이다. 그리고 막은 막 막(膜)자로 얼굴을 덮어주는 막이라는 뜻이다. 평안북도 신의주시 석하 1동에서 위치한 신의주화장품공장에서 생산한 봄향기 미안막과 개성고려인삼 미안막, 평양시 평천구역 봉학동에 위치한 평양화장품공장에서 생산한 은하수 미안막의 사용 후기를 보면 이들 제품의 품질은 비교적 괜찮다는 반응이다. 북한 여성들 중 경제적 여유가 있는 사람들은 일주일에 2~3번 정도 노화방지 마스크팩을 사용한다. 젊은 층과 노년층에서도 인기가 높다. 노화 방지 마스크팩에는 천연 보습 물질인 감나무잎 추출물과 알란토인, 스피룰리나 추출물 등이 함유되어 있어 민감해진 피부를 안정시켜 준다. 또한 히알루론산과 베타인 등의 성분으로 거칠어지는 피부에 수분을 보충해줘 촉촉하고 건강한 피부로 만들어준다.

신의주화장품공장에서 생산되는 봄향기 마스크팩은 사용하기 편리함을 더해 귀걸이식으로 만들어졌다. 인삼추출물과 둥굴레추출물 수용성키틴과 비타민 E, 콜라겐, 고려약추출물, 히알루론산 등 천연성

분을 함유, 얼굴의 주름을 개선해주고 피부 탄력을 높여주고 있는 것으로 소개되어 있다. 또 피부에 영양도 보충해줌으로써 피부병을 방지할 수 있고 살결을 부드럽게 해주기 때문에 대중적인 구매력을 확보하고 있는 것으로 알려지고 있다.

40~50대가 즐겨 찾는 개성고려인삼 미안막은 피부세포의 생리적 기능과 재생을 활성화해 주름을 방지하고 피부탄력을 돕는 것으로 유명하다. 한국의 일부 여성들이 미안막을 사용해보고 나쁘지 않다는 평을 하기도 했다.

북한 주민들의 피부보호를 위한 노력은 이젠 일상의 행동으로 자리잡아가고 있다. 일부 주민들은 시장에서 팔리고 있는 공장 제품 미안막을 사용하기도 하지만, 집에서 오이나 우유, 수박껍질 등을 활용하여 피부 관리에 정성을 들이고 있다.

북한 주민들도 화장품을 구매할 때 피부성질을 검사받고 각자 본인에게 적합한 제품을 구매하고 있어 향후 한국산 화장품의 북한 유통을 꿈꾸는 업체들은 이점을 참고하면 고객 유치가 한결 쉽지 않을까 생각한다.

선크림, 수분크림

여름이면 남녀노소 할 것 없이 필수 화장품으로 가방에 한 개씩은 꼭 넣고 다니는 것 중의 하나가 바로 선크림이다. 선크림은 화장이 필요 없는 남성들도 쉽게 사용할 수 있는 제품이다. 더구나 뜨거운 태양을 피해 피부를 보호하려는 사람들은 성능 좋은 제품들을 골라가면서 구매하는 게 일반적이다.

북한에서 선크림은 '해빛방지크림'이다. 1980년대 개성지역에 떨어진 한국 삐라에 적힌 '햇빛, 햅쌀, 노동'을 발견하면서 '혹시 글을 잘 못 썼나'하는 의심 반, '조선글(한글)도 제대로 쓰지 못하는 남조선 사람들'이라고 비웃었던 기억이 있다. 지금 생각하면 두음법칙을 사용하는 한국 사람들의 글쓰기 방식을 알 수 없었던 북한 주민 모두는 나와 비슷한 생각을 하지 않았을까 싶다.

북한 주민들을 대상으로 유통될 한국산 제품의 용어정리에 대한 고민도 필요해 보이는 대목이다. 위에 언급된 단어들을 북한식으로 사용한다면 '해빛, 햇쌀, 로동'이다. 선크림 이야기를 하다 갑자기 남북한 같은 뜻의 다른 단어에 대한 글을 쓰는 이유는 선크림에 대한 사용설명서에 사용되는 단어들에 대한 선정 때문이다. 선크림, 스킨, 로션이라는 외래어가 익숙하지 않은 북한 주민들에게 어떤 단어들을 사용할지 고민하는 것도 기업의 경영전략의 한 부분이지 않을까.

일반 화장품 중에서 선크림 사용의 비중은 높다. 왜냐하면 북한 주민들은 일 년 열두 달 야외노동이 많기 때문이다. 특히, 여성들은 얼굴이 검게 탈 정도로 밖에서 하는 일이 많아 선크림 선호도가 높다. 그러나 크림을 항상 가지고 사용하는 주민들보다 차양이 넓은 모자나 손수건을 이용해 얼굴에 햇빛을 가리는 모습들이 더 흔하다. 향후 선크림 사용해 피부도 보호하고 아름다움도 지키는 방법이라면 북한 여성들 뿐 아니라 남성들의 사용도 증가할 수 있을 것이다.

일부 농민들은 크림을 바르면 먼지를 청한다는 인식 때문에 크림 바르는 것을 즐겨하지 않으나, 피부보호와 아름다움을 추구하는 오늘날에는 그 인식이 조금씩 변화하고 있다. 이들을 대상으로 마케팅을 고려한다면 1회용 스프레이가 좋지 않을까? 현재 북한 시장의 화장품 매대에서 선크림이 판매되나, 다른 화장품에 비해 양은 매우 적은 편이다.

북한에서 수분크림은 잠을 자면서 피부에 수분을 잡아주는 역할을 하는 것으로 인식되고 있어 "밤 크림"으로 알려져 있다. 한국 사람들은 일상적으로 잠들기 전 스킨로션과 수분크림 혹은 영양크림을 바르는 게 일반적이지만, 북한 사람들은 밤에 기초화장품을 사용한다는 것을 생각해 본 적이 없을 것 같다. 화장품 생산량이 매우 제한적이고 구매가 어려웠던 환경이 그렇게 만들었을 것이다.

1990년대 중반 이후 중국화장품이 대거 유입되고 2000년대 이후 국내 화장품 생산이 증가하면서 많은 변화를 보이고 있지만, 아직은 화장품 사용에 대한 이해가 부족하다. 한국화장품을 사용하게 될 경우, 친절한 설명이 필요할 것으로 판단된다.

마스카라

여성 화장의 완성은 마스카라와 립스틱에 있다. 일반 화장품과 비교해 더 관심을 두는 종류의 화장품이 아닐까 싶다. 마스카라(북한에서는 아일라라고 부른다)를 이용하는 주 고객은 주로 젊은 층이다. 특히 20~30대에는 필수 화장품으로 자리잡혀가고 있다.

북한에서도 한국과 마찬가지로 마스카라와 젊은 여성들 속에서 인기가 많다. 북한 시장에서 판매되는 마스카라와 가격은 다른 화장품에 비해 비싸다. 2020년 8월 마스카라와 각각 15,600원, 13,000원으로, 5,000원~8,000원짜리 화장품보다 비싼 가격에 유통되고 있어서 고급 화장품으로 자리 잡았다.

북한 주민들의 일상생활에서 사용하는 화장품 중 이용률이 낮은 화장품이다. 공연 등 특별한 분장이 필요한 어린이, 성인들이 사용한다. 선전·선동을 중요시하는 북한에선 어린이공연단이 많아 눈 화장을 위해 사용된다. 일반인들은 다소 연하게 사용하고 있어 색상에 차이를 둘 필요가 있어 보인다.

에어쿠션

바쁜 일상을 살아가는 북한 여성들은 최근 쿠션에 큰 관심을 두고 있다. 특히, 직장 여성들의 경우 짧은 시간에 화장을 할 수 있으면서 하루 종일 지속되는 화장품을 선호한다. 가사와 가정경제를 병행하는 삶을 살아가는 여성들에게 몇 번 톡톡 두드리는 것으로 얼굴을 화사하게 해주는 에어쿠션은 신기함을 더해주는 화장품의 하나로 인기가 높다.

한국과 중국 등에서 생산된 에어쿠션이 중·북 국경지역을 통해 북한 내부로 유입되면서 북한 주민들도 한국의 일반 여성들 못지않게 쿠션에 대해서도 잘 알고 있다. 2019년 한국에 사는 한 탈북민은 북한의 가족으로부터 헤라 브랜드의 쿠션을 보내달라는 부탁을 받았다.

입국해서 헤라 쿠션을 사용해본 적이 없는 이 탈북여성은 인터넷에 '해라'로 검색했다는 웃지 못할 이야기도 있다. 주변 동료의 도움으로 헤라 쿠션이 있다는 이야기를 듣고 화장품 매장을 찾은 탈북여성, 6만원에 판매되고 있는 것에 깜짝 놀랐다. 당시 환율로 한화 6만원은 북한 원으로 438,000원, 북한에서는 무려 87 kg의 쌀을 구매할 수 있는 금액이다. 한국 화장품 중에서 쿠션은 북한 주민들이 선호하는 화장품이다. 화장품 제조업체와 유통업체는 향후 남북 교류협력 전략을 고민해볼 필요가 있겠다.

향수

남북한에서 용어가 동일한 화장품은 향수가 유일하다. 2017년 북한 국경지역에서 유통되고 있는 김정은의 선물 화장품에는 옥류 상표의 향수가 있다. 향수는 2016년 11월 16일 김정은 위원장이 전국 어머니대회에 참가했던 여성대표들에게 준 선물중의 하나다. 북한에서 유입한 이 향수 선물 화장품의 분석을 의뢰한 결과는 예상보다 좋은 평가를 나타냈다.

위 사진에서 보듯이 '옥류'상표의 북한산 향수 포장은 유명브랜드 '디올' 향수의 디자인을 쏘~옥 빼닮았다. 북한 주민들이 사용하는 화장품 중 향수는 고급 화장품에 속한다. 현재 북한 대부분 시장에서 유통되고 있는 일반 화장품에 향수가 따로 들어가 있지 않는 것이 이와 같은 주장에 힘을 실어준다.

북한 화장품 표지에는 4, 5, 6, 7 등의 숫자가 기재되어 있는데, 이는 해당 화장품세트의 종류를 뜻한다. "개성고려인삼화장품 7종을 주세요." 이 멘트는 구매 때 판매원에게 구매고객이 하는 말이다. 그만큼 북한 주민들은 어떤 종류가 자신들에게 맞는지를 잘 파악하고 있다.

한 가지 아쉬운 것은 화장품 세트에 향수가 포함되어 있지 않아 필요한 사람은 따로 구매해야 한다는 점이다. 향후 남북한 교류가 이뤄지거나 물물거래가 이뤄지게 되는 경우, 화장품 생산에서는 이와 같은 점을 어떻게 보완해야 할지 고려해야 할 것이다. 향수가 원래 고가의 화장품이다 보니 일반 화장품과 함께 포장하기는 무리라는 일부의 주장도 일리는 있다. 그렇다고 전혀 방법이 없는 것은 아닐 것이다. 소량으로 포장한 향수를 일반 화장품에 함께 넣어서 판매하는 것도 한 방법이 될 것이다.

화장품 용어와 가격

북한 주민들이 선호하는 한국 화장품, 향후 구매자들을 위해 화장품 용어에 대한 남북한 용어를 정리해 보자. 외래어에 익숙한 한국의 고객들과 달리 순수 우리말에 익숙해 있는 북한 주민들을 위한 기본적인 서비스로 생각해야 할 부분이다.

화장품 종류에 대한 용어도 남북한이 서로 다르다. 이런 점에서 북한 주민들을 주 고객으로 생산·유통할 경우에는 화장품에 대한 소개 전략이 필요하다고 본다. 북한 주민들이 쉽게 이해할 수 있는 용어를 최대한 많이 사용하는 것이 바람직할 수 있다. 그럼에도 일부이긴 하지만 한국 화장품을 사용하면서 한국 용어에 익숙해 있는 주민들도 있다는 점을 감안하면, 남과 북의 화장품 용어를 함께 사용하는 것도 대안이다. "천리길도 한걸음에서 시작된다"는 말처럼 한국 화장품 산업의 북한 시장 진출에 있어서는 용어부터 조금씩 간격을 허물면서 다가가는 것도 나쁘지 않을 것이다. 북한 주민들도 한국 주민들처럼 마스크팩, 선크림, 클렌징폼이라는 외래어에 능숙하고 한국 화장품 업계도 미안막, 자외선방지크림, 세척크림에 낯설지 않다면 남북간 차이

남북한 화장품 용어 비교

남 한	북 한	한국	북한
스킨	살결물	아이라이너	아이라인
로션	물크림	파운데이션	분크림
립스틱	구홍식 입술연지	수분크림	보습용크림
립클린저	광택용 입술연지	마스크팩	미안막
아이브로우	눈썹연필	헤어오일	머리영양물
아이새도	눈등분	왁스	머리정발제
클렌징 폼	세척크림	헤어스프레이	머리칼고착제
선크림	해빛방지크림	마스카라	마스카라
파우더	고체분		

북한에 부는 한국 패션

를 조금씩 허물 수 있지가 않을까?

한국화장품 업계의 북한 시장 진출에서 가격은 아주 중요한 부분이다. 왜냐하면 북한과 한국의 물가와 환율 차이가 상당하다는 점에서 한국에서의 판매가격을 그대로 적용하게 되면 대중적인 구매를 유도하기가 어렵다. 통상적으로 북한 내에서 팔리고 있는 북한산 화장품은 한 조에 북한 원으로 20만 원(한화 27,500원) 내외로 거래된다. 물론 이보다 몇 배 높은 65만 원(한화 89,500원)으로도 거래되지만, 한국에서 판매되는 화장품 가격에 비교하면 매우 낮은 수준이다.

현 상황에서 한국화장품이 북한에 진출한다면 본전 건지기도 어려울 것이다. 화장품 진출은 유통비, 인건비 등이 추가로 발생하기 때문이다. 북한 주민들이 부담스럽지 않게 구매할 수 있는 방법모색이 필요하다. 하지만 북한 주민들에게는 한국산 화장품은 부의 상징으로 인식되어 있다는 점은 화장품 산업의 북한 진출에 좋은 바탕이 될 것이다. 수요와 공급 면에서 균형을 잘 이끌어내는 것은 기업경영의 혁신과도 연결된 것이라고 본다. 한국의 고급 화장품을 소유하고 싶은 북한 여성들이 비싼 가격에도 불구하고 구매 의사를 밝힐 수 있는 좋은 서비스와 현실적인 마케팅에 관심을 가져보자!

3부

다양한 식품 소비패턴

밥으로 배 채우던 시대는 저물고 있어요

CHAPTER 4

식품

"식사하셨습니까?, 식사합시다"는 밥 시간을 전후로 북한 주민들의 가정을 방문했을 때 흔히 듣는 말이다. 다소 공식적이고 딱딱한 인사로 보일지라도 북한 주민들은 식사 시간에 이웃이 찾아오면 밥상에 숟가락을 하나 더 올려 함께 하는 게 일반적이다. 우리가 살아가는 데 식품은 뗄 수 없는 생존 필수품이다. 또 바쁜 일상을 살아가는 현대인들에게 영양가가 있는 건강한 식품은 누구나 선호하는 대표적인 상품이라고 할 수 있다.

1970년대부터 서양문화의 유입이 활발해지면서 우리 민족의 고유한 식생활 문화에도 영향을 주고 있다. 오래전부터 한민족의 밥상에는 밥과 국, 찌개와 구이, 무침, 조림, 김치, 고추장 등이 올랐다. 계절을 따라 밥상에 오르는 음식의 종류들이 달라지기도 하지만, 밥과 국은 현재도 우리 민족의 밥상에 변함없는 자리를 차지하고 있다. 그래서일까, 북한엔 이런 말이 있다. 어디가도 늘 붙어 다니는 부부나 친구를 가리켜 '밥과 국'이라고 한다. 그만큼 밥과 국은 '늘 함께'의 상징 상징이다.

　현재 한국인들의 주식에서도 밥은 빠지지 않는 메뉴다. 계절을 따라 뜨거운 음식과 시원한 음식을 먹는데, 겨울에는 국물과 찌개, 구이, 김치를 먹고, 더운 여름에는 쌈과 오이냉국, 쌈, 참나물과 콩나물로 만든 김치를 주로 먹었다. 지금은 서양 음식인 파스타나 피자로 끼니를 해결하기도 한다. 북한은 어떨까?

　　북한 곳곳에 온반 집(뜨거운 국밥 집)이 있다.
　　시장에서도 우리 민족의 전통음식인
　　국밥과 국수, 떡 등이 많이 팔리고 있다.

　　이는 향후 북한 시장을 겨냥한 요식업계가
　　놓치지 말아야 할 부분이다.

　한국에 정착한 탈북민들은 입국 초기 회나 피자, 햄버거 등을 잘 먹지 못했다. 북한에서 경험해보지 못한 새로운 음식들에 대한 거부감 때문이다. 그렇다면 서양음식이나 일식 등을 접할 기회가 부족한 북한 주민들을 대상으로 하는 식품업계의 대북 진출 전략은 어떤 방향이어야 할까?

　그럼에도 한국에서 생산되는 여러 식품은 현재의 상품 그대로 북한에 유통해도 북한 주민들이 거부감 없이 맛나게 먹을 수 있는 종류가 수없이 많다.

　　한국 사람들이 좋아하는 햇반과 컵반, 누룽지는 물론,
　　각종 수산물 가공품과 유류가공품들은
　　북한 주민들의 입맛을 사로잡는데 최고일 것이다.

해산물 가공품

해산물은 우리 민족이 반찬으로 즐겨 먹는다. 해산물을 이용한 가공품은 수십 가지가 된다. 일반적으로 우리 밥상에는 한민족의 입맛에 익숙한 가공식품으로 멸치, 홍합, 김가루, 코다리, 꽁치두부강정, 말린 고등어, 냉동 새우 등이 자주 등장한다.

한민족은 뜨거운 탕이나 국을 좋아한다. 북한 주민들도 해산물로 만들어진 음식들을 좋아한다. 한국에서 팔리는 해산물 가공품은 북한 주민들의 입맛에도 잘 맞다. 한국에는 냉동해산물이 다양해서 각자 원하는 것을 아무 때든 구매할 수 있지만, 북한은 냉동시설 부족으로 건해산물이 더 많다. 또한 냉장고를 보유하고 있는 가정이 많지 않고 잦은 정전으로 냉장고가 있어도 무용지물일 때가 많다. 최근에는 주민 스스로 태양열을 이용한 자가전력 생산이 이루어지고 있어 과거보다는 냉장고 사용이 용이하다.

김정은 집권 이후 북한은 수산업에 많은 관심을 두고 있다. 생산에서 가공, 유통과 판매까지 중앙기관이 관여하고 있다. 2000년대에는 과거 볼 수 없었던 포장 상품들이 등장하고 있다. 2018~2019년 북한 시장에서 구매한 해산물을 받아본 적이 있는데, 냉동 포장되지 않은 상태였다.

북한 시장에서 판매되고 있는 소포장 건해산물에 대한 주민들의 반응이 나쁘지 않다. 필요한 만큼 살 수 있고, 따로 용기에 담지 않은 채 보관이 가능하다. 통조림, 절임, 건조 관련, 북한 주민의 해산물 수요를 한국 식품업계가 틈새시장으로 이용할 수 있을 것으로 판단된다.

과일 채소 가공식품

북한에서는 돈이 있어도 계절이 아니면 먹어볼 수 없었던 과일을 한국에서는 아무 때든 사 먹을 수 있다. 생과일 말고도 냉동과일, 과일통조림, 말린 과일 등 종류도 많다.

북한은 한국처럼 생과일로 보관할 수 있는 시설이 부족하다. 그래서 배와 복숭아 감, 포도 등은 모두 제철에만 유통된다. 이때 먹어보지 못하면 먹기가 불가능하다. 그나마 여름에도 먹을 수 있는 유일한 과일이 곶감이다. 일부 냉동 또는 말려서 공급하는 경우가 있어 제철이 아닌 시기에 얼린 사과나 말린 사과를 먹을 수 있다. 가정 집에서는 가을에 산 사과를 독에 넣어 얼렸다 먹기도 한다.

채소도 철 지나면 먹을 수 없는 것은 마찬가지다. 최근 비닐하우스 농사가 증가하면서 이전보다 일찍 채소가 시장에 유통되기도 하나, 사철 싱싱한 채소를 먹는 한국에 비하면 열악하다.

즉석식품

경제가 발전하고 우리 생활이 윤택해질수록 경제활동을 하는 사람들은 '바쁘다'라는 말을 달고 산다. 신혼부터 맞벌이 부부가 상당한 것도 현시대의 모습이다. 이렇게 바쁜 일상을 살아가는 데 즉석식품은 '효자식품'으로 인정받고 있다. 특히, 세계 곳곳에서 '한류'로 사랑을 받는 즉석식품이 라면과 햇반이다. 즉석식품은 회사업무에 바쁜 직장인들을 위한 식품으로 도시락이나 컵밥, 떡볶이, 어묵탕 등 종류도 다양하다. 또 구수한 맛을 내는 누룽지는 남녀노소 모두 좋아하는 즉석식품이다.

북한에서도 한국의 라면과 비슷한 식품인 '꼬부랑국수'가 오래전부터 생산돼 주민들의 사랑을 받고 있다. 꼬부랑국수는 면이 꼬불꼬불하기 때문에 붙여진 이름이다. 요즘에는 꼬부랑 국수가 즉석국수(라면)라는 이름으로 생산돼 시장에 유통되고 있다. 북한 주민들은 국내 생산인 즉석국수를 두고 "우리도 문명한 세상에서 산다. 우리식으로 만들어진 즉석 국수가 다른 나라의 것보다 더 맛있다"라고 자랑한다.

하지만 북한 식품의 다양성은 많이 뒤떨어져 있다. 우리가 회사나 아파트 주변의 마트에서 흔히 사서 먹는 어묵탕이나 햇반 같은 즉석식품은 아직 없다. 그러나 라면은 1990년대 후반 중국을 통해 대거 유입되었다. 2010년 들어 북한산 즉석국수가 생산되어 중국산 라면의 맛과 비교된다. 맛에 있어서만큼은 북한산이 더 인기가 있다.

탈북민들은 입국 전 중국 등지에서 머무르면서 현지 라면을 접하면서 세상 어디에도 없는 행복한 맛이라고 평가한다. 그러나 입국 후 한국산 라면을 접하게 되면서 상상 이상임을 인식하게 된다. 우리 민족의 입맛은 남이나 북이나 속일 수가 없는 것 같다. 개성공단에서 근무하던 북한 근로자들이 한국 라면에 푹 빠졌던 것도 다 같은 이유일 것이다.

한국에서는 북한에서 생산되는 즉석국수(라면)의 종류보다 훨씬 많은 종류가 생산되고 있다. 또 매운 것과 덜 매운 것 맵지 않은 것은 물론이고 다양한 맛을 낼 수 있는 제품들이 있다. 북한 주민들이 즐겨 먹는 농마국수와 유사한 '컵누들'은 매운 것을 싫어하는 노년층에게 인기 제품이 될 가능성이 크다.

김치

김치는 우리 민족의 자랑스러운 문화유산이다. 남과 북 모두 유네스코 인류무형문화유산으로 등재되어 있다. 북한에서 살 때 집안 어른들로부터 '나무는 물을 먹고 살고 사람은 김치를 먹고 산다'는 말을 자주 들었다. 내가 살았던 북부 고산지대에서는 식생활에 없어서는 안 되는 부식물이 김치다. 10월이 지나는 가을 즈음이면 집 집마다 양념을 만드는 절구 소리가 들린다. 김치는 이웃 간의 정을 두텁게 한다. 김장철에는 온 동네가 서로 도와주는 품앗이 문화가 정겨운 삶의 한 부분으로 정착되어 있다.

김치는 4계절이 뚜렷한 우리나라 기후 특성을 잘 이용한 식품이다. 가을에 수확한 채소를 겨울과 다음 해 봄까지 보관하면서 먹을 수 있는 귀중한 민족문화유산이다. 김치는 지역별로 다양한 품종이 있다. 통배추 김치와 깍두기는 전 지역의 공통된 김치다.

양강도와 함경북도에는 통배추 김치와 무김치, 갓김치, 무채김치, 총각김치, 시래기 김치가 있다. 풋고추 절임은 봄날 밥반찬으로 주민들의 사랑을 받는다. 한국에서도 김치를 담글 때 멸치액젓을 사용하는데, 북한도 마찬가지다. 다만, 액젓이 아닌 멸치를 짓찧어 양념과 섞어 사용한다. 평안남도와 황해도 지방에서는 고춧가루를 적게 넣거나 소금으로만 간을 맞춘 백김치를 많이 담근다. 평양지역에는 동치미가 유명하고 개성은 보쌈김치가 인기다. 양강도에서는 갓김치가 명물이다.

평안남도 이남 지역에서 담근 백김치를 먹어본 사람들은 그 맛을 평생 잊지 못한다. 백김치는 양념을 전혀 쓰지 않고 소뼈로 우려낸 육수를 부어 배추와 통무를 넣어서 만든다. 달고 '쩡'(뻥 뚫리는 맛)해서 국수를 말아먹으면 일품이다.

북한에는 이 밖에도 봄에 만드는 봄 갓김치, 빨강무김치, 참나물김치도 있고 초가을에 만들어 먹는 양배추 김치도 있다. 양강도에선 사철 콩나물 김치를 만들어 먹는 가정도 있다. 북한 김치가 한국 김치에 비해 조미료가 적게 들어간다. 최근 북한에도 김치공장이 건설되어 주부들의 일손을 덜어주고 있다.

빙과류

여름이면 어른이나 아이 할 것 없이 시원한 것을 찾는다. 한국에는 수십 종류의 빙과류가 있다. 입맛에 맞는 빙과를 고르느라 서성이는 주민들을 보면 고향 사람들 생각이 난다. 북한 주민들도 여름이면 각종 과일향을 넣어 얼린 빙과를 즐겨 먹는다. 2010년대 초반부터는 북한의 빙과류 시장에서도 혁신이 일어나 수십 가지로 늘어났다.

직업의 특성으로 가끔 북한에 사는 주민들을 대상으로 시장조사하는 일에 참여하는데, 북한에 정보를 접할 때마다 '와~ 정말요?'라는 말을 자주 하게 된다. 오늘날의 북한 시장은 그 어느 때와도 비교할 수 없을 정도로 많이 변했다. 북한 주민들이 보내오는 사진들을 보면서 시대에 떨어진 사람이라는 생각을 종종하게 된다. 한국에서 살면서 변화하는 북한을 눈으로 직접 보거나 체험하지 못하기 때문이다. 요즘 북한 주민들의 생활 수준이나 의식 수준은 과거보다 많이 높아졌다. 그와 같은 변화는 현재에도 계속되고 있다.

2000년대 초 북한에서 아이스크림 장사를 잠깐 해본 적이 있다. 당시 전력 사정이 안 좋았기 때문에 몇 시간이 지나면 아이스박스 안에 넣은 아이스크림이 녹아버린다. 거기다 한두 가지 종류밖에 없어서 재미를 크게 보지 못했다. 최근 아이스크림을 파는 장사꾼들은 이동 냉장고를 가지고 있고 전기공급도 원만하게 이루어지고 있는 것으로 파악되고 있다.

북한에서는 최근 다양한 종류의 아이스크림이 생산되고 있다. 딸기맛, 콜라맛, 대추맛, 새콤달콤한 맛 등 다양하다. 그러나 아직 시골의 상점에서까지 아이스크림이 팔리고 있는 상황은 아니다. 한국은 어디를 가도 여름부터 겨울까지 아이스크림을 사 먹을 수 있다.

육류

고기를 좋아하는 사람이라면 육류 매대는 절대로 무심코 지나지 않는다는 말이 있다. 당장 구매하지 않더라도 당일 고기의 신선도와 가격 흐름을 보기 위함이다. 일주일에 한 번 또는 한 달에 두세 번 정도 지인 또는 친구, 가족들과 고깃집을 찾는 것은 당연지사다. 특히 포크와 나이프로 스테이크 자르는 모습이 멋지게 다가온다.

2000연대까지만 해도 북한에서 소고기는 아주 귀한 식품이다. 소는 기계를 대신하는 생산수단으로 간주, 국가 및 사회협동단체의 재산으로 분리되어 있다. 형법 제91조는 "국가 및 사회협동단체의 재산을 훔친 자는 1년 이하의 노동단련형에, 대량의 재산을 훔친 대상에 대해서는 4년 이상 9년 이하의 교화형에 처한다"라고 규정하고 있다. 소 한 마리를 훔쳐 도살한 주민은 살인죄에 가까운 법적 처벌을 받는다.

고난의 행군 시기 배고픈 일부 농촌 주민들이 협동농장의 소를 잡은 것을 이유로 노동교화형에 처한 사례가 있었다. 내가 살던 고장의 한 부부는 소를 도살한 이유로 노동교화소에 가게 되었고 거기에서 스스로 목숨을 끊었다. 전 세계 사람들이 자유롭게 먹을 수 있는 소고기지만, 북한에서는 소는 노동력과 맞먹는 '부림소'로 취급하기 때문에 소고기를 먹을 수 없는 현실이 안타까울 뿐이다.

2000년대까지만 해도 일반인들은 소고기를 잘 볼 수도 없었다. 특별공급을 받는 간부들을 비롯, 일부 공급대상들만 1년에 두어 번 먹을 정도였다. 그러나 2010년대에 들어 북한 시장이 변하면서 '소고기를 먹으면 죽는다'는 말은 없던 말이 됐다.

북한 당국은 소고기 통조림, 돼지고기 통조림을 생산하여 시장에 유통시키고 있다. 소고기 통조림은 개당 15,000원(한화 2,000원 정도)으로 쌀 4 kg 정도 살 수 있는 가격과 같다. 북한은 강원도 세포군과 주변 구역을 묶어 대규모 축산기지인 '세포축산기지'를 신설, 풀 먹는 집짐 승을 길러내고 있다. 동시에 육류가공공장을 운영, 가공제품을 전국에 유통시키고 있다. 이와 같이 북한도 식품의 다양화를 추구하고 있으나 그 속도가 느리고 생산량이 부족하다.

유가공품

|

유가공품에는 단백질, 지방, 칼슘, 각종 비타민 등이 많아 면역력을 높여준다.

얼마 전, 북한 다큐멘터리를 감상했던 한 지인이 "영화에서 주인공 어머니가 유제품공장 직원으로 나오던데 북한에도 유가공품공장이 있어요?"라고 묻는다. 식량난에 시달리는 북한이 과연 유가공품을 생산하는지 궁금했던 모양이다.

북한에서는 유가공품을 '젖가공품'이라고 한다. 식량 사정이 어려운 북한은 사료 부족으로 인해 염소 등 풀 먹는 동물(초식동물)의 사육을 권장한다. "풀과 고기를 바꾸라"는 것은 1950년대 김일성 시대부터 강조해 왔다. 북한은 유제품 생산을 위해 염소젖을 많이 이용한다.

다양한 식품 소비패턴

함흥청년염소목장, 함주 평풍덕염소목장 등에서 생산된 염소유로 버터도 만들고 요구르트, 치즈도 만든다. 한덕수 평양경공업종합대학, 국가과학원 미생물학연구소, 평양어린이식료품공장, 룡성식료공장, 봉학식품공장 등에서는 발효 음료라고도 불리는 요구르트 제품 개발과 유산균 국산화 연구를 진행하고 있다.

유가공품에 대한 북한 주민들의 수요는 날로 증가하고 있다. 종전에는 외화상점에서만 구매할 수 있었던 유제품들이 일반 식품상점들과 시장에서도 판매되고 있다. 평양주민들이 가장 많이 구매하는 유가공품은 "케피르"다. "케피르"는 염소 젖을 발효한 유가공품이다. 새콤달콤해 아이들뿐만 아니라 어른들도 즐겨 찾는다. 냉장고에 보관하고 차게 먹으면 맛이 더 좋다. 평양시 각 구역에 설치된 케피르 판매점에서는 두유를 이용하여 만든 요구르트 음료인 콩 신젖(또는 콩산유) '딸기 요구르트'등도 판매한다.

북한에서는 발효유제품을 '신젖'이라고 부른다.

시장을 통해 유제품을 구입하면 좀 더 싸게 구매할 수도 있다. 시장 장사꾼에게 케피르를 대량 주문하면 5~10L 정도의 대형 통에 담아 집까지 배달해준다.

북한의 유가공품은 유제품에 대한 주민들의 높은 인기에 비해 생산량이 적고 그 종류도 버터, 요구르트, 치즈 등으로 제한적이다. 저지방 우유, 젖당분해 우유, 가공유류, 산양유, 발효유류, 버터유류, 농축유류, 유크림류, 버터류, 자연치즈, 가공 치즈, 분유류, 유청류, 젖당 등 한국의 다양한 유제품 종류들이 북한 시장에 진출하게 된다면, 영양과 건강식품으로 1위를 차지할 것 같다.

사탕, 과자, 초콜릿

간식은 어른들도 좋아하지만, 아이들에게는 없어서는 안 될 식품이다. 북한 주민들의 일상에서 간식을 접했던 때는 1970년대 초반까지였다. 유치원 시절 상점의 간식매장에는 사탕이 있었고, 유치원에서도 사탕이나 과자를 간식으로 주었다.

1980년대 들어 사탕과자 공급은 명절 때에만 겨우 가능했다. 아이들은 국가 명절로 지정된 특별한 날(김일성, 김정일 생일)에만 간식 선물을 받을 수 있었다. 경제난에 봉착했던 시기에는 중국으로부터 사탕, 과자, 초콜릿 등의 간식이 유입되어 시장에 유통되었다. 북한 국내산 간식이 생산되어 시장에서 거래되기 시작한 것은 2010년대부터다.

식품업은 제조업 부문에서 가장 빠르게 발전하고 있는 산업이다. 각 도에 대규모 종합식료공장이 건설되었고 일부 지역에는 어린이식료품공장을 신설하여 어린이용 식품을 생산하고 있다. 과거 벽돌과자(벽돌처럼 딱딱하다고 하여 붙혀진 이름)나 송팔사탕(평양 송신동에서 팔골까지 1시간 동안 녹지 않는다 하여 붙여짐)에서 발전하여 부드럽고 말랑말랑한 당과류도 생산되고 있다.

초콜렛은 비행사만 먹는 것으로 여겼는데, 요즘은 시장에 많이 나와 있다. 특히, 개성공단을 통해 유입되던 초코파이는 북한 학생들의 생일 때 가장 인기 있는 간식이었다. 한국의 초코파이가 비싸지만 없어서 팔지 못할 정도로 수요가 급증하면서 중국산 초코파이가 유입되거나 북한산 짝퉁 초코파이가 생산되기도 했다. 현재는 과거 계획경제

시기와는 달리 간식도 시장수요에 맞는 상품 생산이 이루어지고 있다.

현재 시장에서 유통되는 북한산 과자의 종류는 30여 가지가 넘는 다. '금컵체육인종합식료공장, 선홍식료공장, 자연에네르기기술교류 사, 원산식료공장, 갈마식료사업소, 연못식료생산사업소, 평양보통강 식료공장 등 수십 개의 공장들이 간식을 생산하다. 일부 중산층 이상 의 주민들은 한국산 젤리, 튀김과자, 사탕, 초코파이를 선호한다.

주류

술은 우리 민족이 즐겨 마시는 음료 중 하나다. 삼국시대 술을 마셨다는 기록이 있는 것으로 보아 그 연원이 오래됐음을 알 수 있다. 특히 고구려 사람들이 술을 잘 빚은 것으로 전해지고 있다. 술을 좋아 하는 우리 민족은 결혼식과 회갑, 칠갑 등 가정의 소, 대사에 마시는 것을 물론이고 반가운 친구를 만났을 때나 부부 사이에 있었던 오해를 푸는 데도 한 잔 술로 시작하는 경우가 허다하다. 술은 외교관계에 있어서도 빠지지 않는다.

남북한 술 문화는 차이가 있다. 한국의 대부분 식당에는 술을 파는 게 일반적이지만, 북한 대부분 식당에는 술이 없다. 북한 주민들은 맥 주전문판매점에서 맥주와 술을 마신다. 그럼에도 북한에는 지역별 술 공장이 많이 있다. 평양 지역에는 대평곡주와 평양소주, 대평술, 평양 문배술, 옥류벽산삼술, 을밀봉산산술 등이 유명하다.

양강도에서는 천연기념물인 백두산 들쭉으로 만든 들쭉술과 감자, 보리와 귀리로 만든 술도 있다. 지역에 따라 옥수수와 도토리로 술을 만들기도 한다. 양강도에선 보리와 옥수수 가루에 누룩을 띄우고 귀리, 보리, 감자를 섞어서 발효시킨 후 뽑은 증류주가 있다. 달콤하면서 입에 잘 붙는다.

북한 주민들도 일상생활에서 술을 즐겨 마시는 편이다. 다만, 식당보다 시장 골목에서나 개인 집에서 파는 게 더 많다. 최근에는 다양한 종류의 술이 생산돼 시중에 유통되면서 주민들의 선택범위도 넓어지고 있다. 자연산 약초와 산 열매를 활용한 약술과 담금주들도 출시되고 있다. 북한에서 인기있는 술은 인삼술과 백두산들쭉술, 칠보산 송이버섯술 등이다.

한국의 일반 식당가에서 판매되는 술의 도수는 보통 18도다. 북한 주민들이 집에서 만들어 파는 민주(증류주)의 도수는 보통 23~25도다. 공장 생산술은 30도 이상이다. 북한 주류 내수시장에 진출하려는 사업자는 북한 주민들이 선호하는 술이 어떤 것인지 잘 알아야 할 필요가 있다. 남쪽에서 대동강 맥주를 손에 들고 건배사를 하고 북쪽에선 막걸리나 참이슬을 들고 축배하는 날을 그려본다.

커피와 차

"우리나라는 겉으로 보기엔 사회주의이지만, 속은 자본주의화

다양한 식품 소비패턴

로 무장됐다고 해도 틀린 말이 아니다." 요즘 북한 주민들에게서 흔히 듣는 말이다. 최근 평양과 지방의 일부 도시에 커피숍이 잇따라 생겨나면서 서양 문화가 북한에도 자리 잡아가고 있다. 북한에서 커피가 대중화한 데는 개성공단이 톡톡한 역할을 했다.

개성공단을 통해 유입된 한국산 커피믹스가 북한 전역으로 유통되면서 '부의 상징'으로 인식되었기 때문이다. 가까운 이웃끼리 커피믹스를 타 마시면서 "한국 사람들이 즐겨 마신다는 믹스커피를 마시니까 부자가 된 느낌"이라는 말도 나눈다.

일부 사람들 속에 자리했던 차 문화도 급속하게 퍼져 이제는 익숙해져 있다. 2011년 조선중앙역사박물관 내부에 처음으로 국영 '비엔나 커피숍'이 생겨났다. 2013년에는 해당화관, 2015년에는 순안공항에 커피숍이 차례로 들어섰다. 지방 식당과 문화시설에도 커피숍이 생겼다. 북한 강령군은 차밭을 개간, 녹차를 재배하고 있으며, 은정차라는 이름으로 판매하고 있다. 북한산 커피믹스도 생산되는데 맛은 한국산과 별반 다르지 않다.

북한 주민들이 좋아하는 한국산 커피믹스는 2016년 개성공단 중단 이후 북한 시장에서 보기 어려워졌다. 일부 중국산이 있긴 하다. 북한은 생당쑥차, 가시오가피차, 결명자차, 보리차, 미나리차 등을 생산하고 있다. 일부 주민들은 생강이나 들쭉으로 자체로 만들어 차를 마시기도 한다.

4부

아동과 여성은 '소비의 왕'

외아들, 외동딸 잘 키워야죠

CHAPTER 5

영유아용품

1990년대 중반 '고난의 행군'으로 북한 역사상 가장 어려웠던 시기에 두 아들을 낳아 키웠다. 좋은 환경에서 아기를 키우는 한국 어머니들의 모습을 볼 때마다 북한 어머니들을 떠올리곤 한다. 태어난 지 몇 개월 안 된 아기를 유모차에 태우고 다니는 어머니들을 볼 때는 출생해 3개월 된 아들을 등에 업고 5리 길을 걸어서 회사에 출근하던 그 시절이 떠오른다.

전철이나 버스에서 공갈 젖꼭지를 입에 물고
잠들어 있는 아기들의 모습,
배고프면 장소 구애받지 않고
분유먹는 아기들을 보면
밤새 아기를 안고 나오지 않는 젖을 물리곤 하는
북한 어머니들이 떠올라 가슴이 먹먹해지곤 한다.

언젠가 기회가 되면
북한 어머니들이 조금이라도

편하게 아기를 키울 수 있도록

분유와 공갈 젖꼭지만큼은 꼭 보내줘야겠다고 다짐한 적도 있다.

북한은 아이들을 '나라의 왕'이라고 부른다. 아이들을 위한 탁아소, 유치원을 운영한다. 부모 없는 영유아를 위해 나라에서는 육아원과 애육원을 설립하여 돌보고 있다. 외형적으로는 한국보다 어린이 보육제도가 잘 되어 있는 것 같지만, 현실과는 큰 괴리가 있다. 북한은 육아용품으로 영유아 옷, 아기 띠(아기를 업을 때 사용하는 띠), 기저귀, 암 가루(이유식), 양말, 신발, 장난감 등을 생산한다. 최근에는 그 종류가 더 많아졌다. 소젖 가공제품을 비롯하여 유모차까지도 생산된다.

영유아용품은 옷 공장, 직물공장, 식료공장, 양말공장 또는 편직공장, 신발공장, 완구공장 등에서 생산하여 상점을 통해 가정들에 공급하나, 생산량이 부족하여 개인들이 스스로 해결하는 것이 보편적이다.

영유아용품 대부분은 해당 지역 국가상업망을 통해 공급되나, 이유식은 탁아유치원공급소를 통해 공급된다. 북한에서 생산되는 영유아용품의 양이 매우 적어 중국산이 대거 시장에 유입되고 있으나, 아직 수요에 비해 공급이 부족하다. 따라서 언젠가 북한에 한국상품을 공급할 수 있는 기회가 오게 되면, 배냇저고리, 영유아옷, 실리콘 젖병 및 공갈 젖꼭지, 천 기저귀, 분유 및 이유식, 유모차 등 어린이용품은 북한 어머니들에게 큰 인기를 끌게 될 것이다.

아동과 여성은 '소비의 왕'

배냇저고리 등 영유아 옷

친정어머니는 7월의 삼복더위에 출산하는 딸을 위해 장롱 깊숙한 곳에 보관했던 '귀한 천'을 꺼내 손으로 한땀 한땀 배냇저고리와 아기 옷을 만드셨다. 지금 놀이켜보면 어려운 환경에서 자신의 딸과 손주에게 베풀어주신 어머니의 정성에 눈시울이 적혀진다.

고난의 행군 이전 아기를 출산한 어머니들은 '8.3상품'(자투리나 부산물로 만든 상품)으로 생산된 아기 옷을 구할 수 있었으나, 경제난으로 공장 가동이 멈추면서 배냇저고리는 산모가 직접 짓거나 장마당에서 구입해야만 했다. 그러나 하루 한 끼조차 해결하기 어려운 형편에서 북한의 어머니들은 처녀 시절 아껴왔던 옷을 가위로 잘라 배냇저고리를 만들었고, 이웃집에서 물려 입히거나 어른 옷을 줄이는 방법으로 아이들의 옷을 해결하였다.

건강한 아이가 입던 옷을 입으면 태어난 아기가 건강해진다면서 배냇저고리를 돌려가며 입히기도 했는데, 부족한 사회현실에서 아이에게 미안한 어머니들이 지어낸 말이 아닐까? 출산 전부터 아기를 위해 배냇저고리, 천 기저귀 등 출산용품을 장만하는 한국의 임산부들과는 너무 다른 모습이 아닐 수 없다.

북한에서는 간부나 돈 많은 집 아이들을 제외하고 대부분 어린 아이들은 옷이 없어 고생한다. 어머니들은 아이들이 오래 입을 수 있도록 사이즈가 큰 옷을 입히기도 한다. 닳아서 구멍이 날 때까지 수년을 입는다. 여름날 지방 도시나 시골 농촌에 가면 팬티만 입고 놀고 있는 아이들을 심심찮게 볼 수 있는데, 이는 모든 게 부족한 사회 현실 때문이다.

최근 아동에 대한 관심이 높아지면서 아동옷 생산이 조금씩 증가하고 있다. 북한의 대표적인 아동복공장은 평양어린이옷공장이다. 새롭게 디자인한 옷을 생산하여 공급하고 있다. 국가 차원에서도 '아동상품전시회'를 개최하여 다양한 상품을 선보이고 있다. 2019년 9월 평양아동백화점에서 개최된 아동상품 전시회에는 북한 내 200여 개의 성, 중앙기관들과 공장, 기업소, 무역회사가 개발한 600여 종 95만 8000여 점의 아동 상품들과 소비품이 출품되었다고 한다. 이처럼 아동상품 개발 생산에 지대한 관심이 있으나, 국내 생산량이 많지 않아 일반인들은 아동 옷 구입에 많은 어려움을 겪고 있다.

일부에서는 북한경제를 '생산 없는 유통'으로 평가하기도 한다. 이는 국내산 상품보다 수입산 제품이 더 많이 유통되기 때문이다. 일반인들은 장마당에서 판매되는 중국산 영유아 옷을 구입하는 경우가 많다. 비싼 수입 아동 옷은 '광복지구상업중심', 평양아동백화점 등 북한의 대형 쇼핑몰들에서 구입할 수 있다.

한국 드라마나 영화, 한국 상품이 유입되면서 북한 주민들의 한국 상품에 대한 수요도 많이 높아지고 있다. 2002년 김정일 위원장과 고이즈미 준이치로 총리 간 북·일정상회담에서 북한이 일본인 납치 문제를 인정하면서 북·일관계가 악화했다. 이때부터 일본산 중고의류 유입이 차단되면서 최근에는 중국산과 한국산이 이를 대신하고 있다.

중고의류를 대량으로 포장한 것을 북한에서는 '뽈'이라고 한다. 아동 옷만 포장하였다면 '아동옷 뽈', 바지만 있다면 '바지 뽈'이다. 뽈

아동과 여성은 '소비의 왕'

하나는 2,000위안 정도다. 이렇게 유입된 아동 옷은 북한에서 다시 분리되어 전국의 시장으로 공급된다. 그러나 수요에 비하면 공급량은 '새 발의 피'다.

북한의 어머니들도 한국의 어머니들과 마찬가지로 한 명을 낳아 잘 키우려고 한다. 잘 입히고 잘 먹이고 공부 잘 시켜 멋지게 내세우고 싶어 한다.

실리콘 젖병과 분유, 공갈 젖꼭지

실리콘 젖병과 공갈 젖꼭지는 젖먹이 어린이를 기를 때 꼭 필요한 유아용품 중 하나다. 실리콘 젖병은 모유 수유하는 어머니들에게 있어 없어서는 안 될 도구, 공갈 젖꼭지는 우는 아이 울음을 뚝 그치게 해주는 '소중한 아이템'이다.

북한 어머니들은 대체로 모유 수유를 한다. 북한 자료에 의하면, 생후 6개월 미만 아기들의 모유 수유 비율은 88.6 % 정도다. 전 세계 평균 40 %보다는 훨씬 높은 편이다. 11.4 %는 분유 수유에 의존하고 있는 것으로 볼 수 있다. 2000년대까지만 해도 북한에는 분유 공급이 제대로 되지 않았다. 모유 수유할 수 없는 어머니들은 다른 어머니들의 젖을 얻어 먹이거나 어렵게 분유를 구매하여 수유했다.

북한은 회사마다 탁아소가 있고 모유 수유 시간이 주어져 그나마 여건이 좋은 편이다. 그러나 가장 큰 문제는 어머니들의 영양 상태로 인한 모유 부족이다. 식량난 시절 태어난 아기들, 소위 '장마당 세대'라고 불리는 아이들은 태어나서부터 배고픔 속에 살아왔다. 나도 출산 후 모유가 부족했고 배고픔에 제대로 잠들지 못하는 아이들을 보며 마음이 아팠던 기억이 있다. 당시에는 분유가 무엇인지조차 모르고 살았다. 중국에 많은 상품이 유입되었으나 아기용 분유는 본 적이 없다. 가끔 대만에서 생산된 1 kg짜리 우윳가루가 유통되었는데 그것을 설탕물에 타 먹으면서도 아기에게 먹일 생각은 해본 적이 없다.

북한 영유아들을 위한 국제사회의 분유 지원은 2000년대부터 시작되었다. 2014년에는 한국의 남양유업이 7억 원 규모의 조제분유와 이유식을, 2016년에는 스위스가 1,567 t의 분유를 세계식량계획을 통해 북한에 지원한 바 있다. 이렇게 지원된 분유는 주로 탁아소에 공급되기 때문에 시장에서 구매는 매우 어렵다. 요즘 평양 백화점에서 중국산 분유가 판매되고 있지만, 지방 주민들에게는 그림의 떡이나 마찬가지다.

최근 들어 「평양어린이식료품공장」에서 북한산 아기젖가루(분유)와 암가루(이유식)를 생산한다. 김정은 위원장이 이 공장을 시찰하고 어린이용 식품을 세계적 수준으로 생산하도록 지시한 바 있다. 이후 다양한 식료품이 생산되고 있으나, 생산량은 많지 않다. 분유 생산량을 늘리려면 생우유가 그만큼 공급되어야 하나, 북한에서 소는 농사에 없어서는 안 될 생산수단이기 때문에 젖소들을 많이 키워내지 않았다. 남포시 유일의 대안 젖소 목장에서 생산되는 우유도 아이들이 아닌 탄광이나 광산의 중노동을 하는 노동자들에게 '영양제'로 공급하는 데 그쳤다. 그러나 김정은 집권 이후 영유아를 위한 영양제 생산이 강조

아동과 여성은 '소비의 왕'

됨으로써 처음으로 '아기젖가루'(분유)를 자체 생산하는 단계에까지 이르고 있다. 분유 수유를 원하는 어머니들을 위해 젖병과 공갈 젖꼭지 등도 생산되었으면 한다.

북한에서 생산되는 이유식은 찹쌀가루와 설탕으로 만들어진다. 각 지역 식료공장에서 생산되어 탁아소와 유치원 공급하는데 국한되기 때문에 일반 어머니들은 집에서 쌀죽을 쑤어 아이들에게 먹이고 있다.

기저귀

북한 지역 출산율은 1.9명이고 한국의 출산율은 1.1명 정도다. 그러나 최근 들어 북한의 출산율은 과거보다 많이 낮아졌다. 그 이유는 한국이나 다른 선진국들과는 달리 인간의 일차적인 욕구인 먹는 문제 때문이다. 출산 이후 육아비용, 자녀 양육비 등도 문제지만 먹는 문제가 더 중요하다. 입 하나라도 덜어야 같은 금액의 생활비로 조금이라도 나은 생활을 할 수 있다. 그래서 한 명이면 좋고 그 이상 낳으면 '미련 곰탱이'(미련한 곰)라는 말을 듣기도 한다. 정말로 서글픈 일이다.

한국에서는 흔하지만, 북한에서는 구입하기가 어려운 것이 기저귀다. 한국의 마트에는 천 기저귀, 펄프나 종이로 만든 일회용 기저귀 등 종류도 다양하다. 산모들은 기저귀를 세탁하는 번거로움도 없다. 그러나 북한 산모들은 출산 직후부터 아기 기저귀를 손으로 세탁해야 한다. 특히, 대부분 임산부는 자연분만으로 출산하는데 기저귀 세탁

같은 것으로 인해 산후증에 시달리는 어머니들도 적지 않다. 산모들에게 일회용 기저귀를 공급하여 출산 후 3개월 정도만 손에 물을 묻히지 않게 한다면 산후증은 피해갈 수 있을 것이다.

북한 주민들은 주로 고포천을 기저귀로 사용한다. 고포천은 섬유 재활용을 통해 생산한 천이다. 두껍고 딱딱하여 기저귀로는 적합하지 않다. 그래서 가제 천으로 된 기저귀를 사용하기도 하나 구하기가 어렵다. 부모님의 면 내복을 잘라 사용하는 산모들도 적지 않다. 고포천은 해당 지역주민들로부터 입던 옷이나 이불 등을 수매 받아 만들기도 한다. 대북 제재로 자원공급이 어려워지면서 북한은 2020년 '재자원화법'을 제정, 섬유 재활용을 통한 제품생산을 독려하고 있다. 한국에서 버려지는 섬유제품들을 북한으로 보낼 수 있다면 고포천보다는 훨씬 질 좋은 기저귀를 생산할 수 있지 않을까?

2003년 한국의 민간단체가 6,250만 원의 기저귀 감을 생산해 북한에 지원한 적이 있다. 아마 육아원이나 평양의 탁아소들에 공급되었을 것으로 추측된다. 중국에서 북한으로 많은 섬유제품이 유입되어도 기저귀는 본 적이 없다. 일부 상인들이 면천을 잘라 기저귀라고 팔고 있지만, 그 수량이 많지 않다.

유모차

어머니는 두 아들을 업어서 키웠다. 회사 출근할 때면 작은 아

아동과 여성은 '소비의 왕'

들은 등에 업고 큰아들 손목을 잡고 왕복 10리 길을 걸어 다녔다. 아이들을 업을 때 쓰는 용품을 '띠개'라고 한다. 한국에도 아기 띠가 있다. 한국산 아기 띠는 신생아가 목을 가눌 수 있도록 만들어졌다. 엄마와 마주 볼 수 있게 앞으로 안을 수 있다.

북한의 띠개는 아기를 등에 업을 수 있도록 만들어졌는데, 앞으로 안게 되면 시야가 가려 빠른 걸음으로 비포장도로를 걸어 다니기가 쉽지 않다. 북한은 대중교통이 잘 발달하여 있지 않아 걸어 다닐 수밖에 없는데, 배낭을 메듯 아기를 업어야 먼 길 가기가 편하다. 유모차에 아기들을 태우고 다니는 모습은 평양에서나 가끔 볼 수 있다. 유모차는 중국에서 수입하여 백화점이나 외화상점을 통해 판매되나, 그 수량이 많지 않거니와 가격도 비싸다.

2015년 9월 북한의 '조선중앙TV'에 유모차를 살펴보는 김정은의 모습이 공개되었다. "어머나, 북한에서도 유모차를 생산하네," 북한에 있을 때 한 번도 구경해본 적이 없는 유모차를 자체로 생산한다니 놀라지 않을 수 없다. 한국의 아기 어머니들이 사용하는 유모차에 비하면 보잘것 없지만, 아기 어머니들을 위해 유모차를 개발하여 생산하고 있는 것만은 긍정적으로 평가할 수 있다. 전국적인 수요를 충당하려면 얼마나 많은 유모차를 생산해야 할까? 이제 겨우 시작이니 많은 자금과 노력이 필요해 보인다.

CHAPTER 6

여성용품

북한은 여성을 '꽃'에 비유한다. '생활의 꽃', '행복의 꽃', '나라의 꽃'으로 추켜세운다. 엄밀히 보면 가정과 나라에 대한 여성의 희생을 의미한다. 북한은 상당히 가부장적인 사회다. 가사를 비롯해 자녀 양육 등 집안일은 당연히 여성의 몫으로 여긴다. 거기에다 시장에서 돈을 벌어 생계를 마련해야 하는 무거운 짐까지 진다. 도시 여성들은 장마당에서, 농촌 여성들은 농사일로 손이 부르트는 정도로 험한 일을 하지만, 아름다움을 추구하는 것은 북한 여성에게도 예외는 아니다.

북한은 여성의 아름다움은 외모에 있는 것이 아니라
가정과 사회와 국가에 한결같이 충성하는 마음에 있다고 선전한다.
그래서 여성들은 '돌격대'에서 흙 묻은 작업복이나
훈련복을 입고 쏟아지는 비와 뙤약볕 아래서
청춘을 고스란히 바친다.

북한에서 생산하는 여성용품에는 머리핀, 머플러, 양산, 브래지어,

생리대 등이 있다. 브래지어와 생리대 생산량은 매우 적다. 북한에서 40여 년 동안 살면서 생리대와 브래지어를 사 본 기억이 없다. 머리핀과 양산은 일용품공장이나 중앙기업의 일용품 직장에서, 머플러는 편직공장에서, 브래지어는 의류공장에서 생산한다.

최근에는 담배를 생산하는 담배 연합기업에서도 생리대를 생산한다고 하지만 생산량은 아직도 매우 적다.

> 그럼에도 시장에서 수입 여성용품은 없어서
> 못팔 정도이다.

생리대

북한 여성들의 생리용품 실태에 대한 세미나가 한국에서 개최되었다는 것을 북한 사람들이 알게 된다면 어떤 생각을 할까? 2012년 이후 탈북한 여성 100명을 대상으로 실시한 설문조사에 따르면, 천 생리대 사용 비율은 56.3 %, 일회용 생리대는 38.3 %, 종이 생리대가 5.4 %로 나타났다. 일회용 생리대의 가격은 북한 돈으로 3,000∼5,000원인데 이는 쌀 0.6∼1 kg을 살 수 있는 가격이다. 따라서 장거리를 가거나 부득이한 경우를 제외하고 일반적으로 천 생리대를 이용하고 있다. 그럼에도 10명 중 약 4명이 일회용 생리대를 사용해보았으니, 중국산 생리대가 적지 않게 유입되는 것으로 볼 수 있다.

내가 북한을 떠나던 그 당시 장마당에 일회용 생리대가 없었다.

주로 천 기저귀를 사용하는 고포천 생리대 또는 가재 천 생리대였다. 해진 속옷을 잘라 사용하는 여성들도 있었다. 농촌 동원을 가거나 단체 생활을 할 때는 생리대를 빨아 말려야 할 때는 부끄럽기조차 하다. 2000년대 중반 이후 중국산 일회용 생리대가 유입되면서 여건이 되는 여성들이 이를 사용하기 시작했다. 중국에 와서 처음으로 일회용 생리대를 이용하게 되었는데 너무 편하고 깨끗해서 신기하고 좋았던 기억이 있다.

최근 북한에서 유통되는 생리대 이름에는 '밀화부리', '봉선화', '대동강', '설화', '꽃향기', '락랑' '봉화', '선향' 등이 있는데, 홍진합작회사, 락랑위생용품공장, 년홍무역회사, 묘향산합영회사에서 생산한다. 생리대 한 묶음(10개입) 가격은 대동강 0.5달러, 봉선화 0.4달러, 밀화부리 0.6달러, 꽃향기 0.46달러, 설화는 북한 돈으로 2,000~2,500원, 선향도 북한 돈으로 3,500원이다.

북한산 생리대를 써보지는 못해서 그 질을 평가할 수는 없으나, 각 생리대의 설명을 보면, 봉선화 생리대는 추운 겨울 열을 내주어 포근하게 해주고 여름철에는 잡균을 잡아 부패를 막아준다고 한다. 일반적으로 북한산 생리대는 서구권에서 판매되는 얇은 패드 혹은 일반형 생리대와 비슷하다. 날개가 있는 제품과 없는 제품도 있다. 가볍고 향료는 첨부되지 않았지만, 재질이 너무 얇아 찢어질 수 있고 접착성이 좋지 않은 단점이 있다.

일부 장사꾼들은 여성들의 생리대 수요에 아주 민감하다. 중국에서 유입된 천으로 생리대를 직접 만들어 시장에 공급하는데, 외겹짜리와 두 겹짜리 10개에 각각 7,000원, 1만 원 정도다.

브래지어

북한에서 브래지어를 '가슴띠'라고 한다. '부끄럼 가리개'라고 한다고 하는데 이는 잘못된 표현이다. 북한도 의류공장에서 브래지어를 생산하여 상점을 통해 판매하기는 하나 여성들의 대부분은 스스로 바느질하여 사용한다. 북한에서 30여 년을 살다 온 나는 처녀 시절에 북한산 브래지어를 상점에서 구매하여 사용하고 결혼 이후 장마당이 활성화되면서부터는 중국산 브래지어를 시장에서 구매해 사용했다.

북한 여성들이 사용하는 브래지어는 한국에서 생산되는 브래지어와는 형태 면에서 크게 다르다. 한국산 브래지어는 두꺼운 패드를 넣어 가슴 부위를 봉긋하게 만들어주고 와이어를 넣어 가슴을 바쳐준다. 반면, 북한 제품은 가슴이 잘 드러나지 않는다. 크기는 대, 중, 소 세 가지로 나뉘는데, 보통 여성들은 중가 사이즈를 입으면 되나, 약간 큰 경우 줄여서 착용하는 것이 보편적이다.

북한 백화점이나 상점에서는 브래지어를 진열하지 않아 여동생이나 누나가 없는 남자 형제들은 브래지어를 본적 이 없다. 한국의 남편들과 같이 아내에게 브래지어를 선물한다든가, 남자친구가 여자친구에게 브래지어를 사주는 것과 같은 행동을 북한에서는 유치하고 부끄러운, 남자가 해야 할 행동이 아닌 것으로 인식했는데, 최근에는 연인과 신혼부부 사이에서 속옷 선물이 늘어나고 있다. 외화상점에서는 '뽕' 들어간 브래지어를 진열한다.

입국 초기 탈북민 여성들은 속 옷 매장에 걸려 있는 브래지어를

　　　　　　　　　아동과 여성은 '소비의 왕'

보고 깜짝 놀란다. 홈쇼핑에서 브래지어만 입고 홍보하는 모델들을 보고는 얼굴이 절로 붉어진다. 속옷매장에 브래지어 사이즈가 A, B, C, D로 구분되어 있는 데다 디자인도 각양각색이라 무엇을 어떻게 골라야 할지 어쩔 줄 모른다. 한국 여성들이 남자친구와 함께 와서 브래지어 사는 모습에는 충격을 받기도 하였으나, 수년의 한국 생활에 적응하면서 무감각하다.

2000년대 이전 직장을 은퇴하고 가정주부가 된 여성들은 브래지어를 입지 않았다. 특히, 손자 손녀가 생기면 할머니이기 때문에 브래지어를 하지 않고 다녀도 부끄럽지 않은 것으로 인식했다. 그러나 최근 들어 60세 이상 어머니들 중 브래지어 착용하는 사람들이 늘어나고 있다.

한국산 브래지어는 중국산이나 프랑스산, 일본산에 비해 사이즈가 잘 맞아 북한 여성들에게 인기가 많다. 최근에는 나이 여하를 불문하고 북한 여성들도 이쁜 가슴을 위해 한국산 브래지어를 많이 찾고 있다. 시장에는 브래지어 매대까지 생겨났다. 북한 여성들도 아름다운 가슴을 연출할 수 있도록 한국산 브래지어가 많이 공급되었으면 좋겠다.

팬티

팬티라는 말을 한국에 입국해서 처음 들었다. 북한에서는 '빤쯔'라고 하는데 빤쯔는 '팬츠'의 사투리다. 북한 여성에게 있어 팬티도 브래지어와 마찬가지로 남성들 앞에서나 대중이 모인 곳에서는 입에 담기조차 어려운 부끄러움의 대상이다. 대체로 여성의 주요한 부문을 가리기 위해 입는 속옷의 이름을 부르는 것조차 어렵다. 그래서 은유적인 표현으로 일본말인 '사루마다' 한다. 일제 잔재를 모두 청산한 북한에 벤또(도시락), 사루마다와 같은 일본 말이 있다니 아이러니다.

북한에서 생산하는 남성 팬티는 한국식의 '트렁크 팬티'와 유사하다. 여성 팬티는 남성 트렁크 팬티에 고무줄을 넣어 만든 것과 내복천으로 만든 삼각팬티가 있다. 서울 우리 동네 가게가 가끔 폐업정리라는 간판을 붙이고 팬티나 런닝, 브래지어를 팔곤 하는데 싸고 좋은 물건이 넘쳐난다. 팬티의 종류도 아주 다양하지만, 가장 눈에 들어오는 팬티는 단연 생리용 팬티이다. 생리대가 부족한 북한 여성들이 두꺼운 천 생리대를 사용하는데 생리팬티가 없어 실례하는 경우가 종종 있기 때문이다.

나는 북한에서 10여 년 동안 기숙사 생활을 한 적이 있는데, 그때 친구들은 모두 생리팬티가 없어서 긴 양말(팬티스타킹)을 잘라 사용했다. 트렁크 팬티를 입은 상태에서 생리대를 하고 뛰거나 운동을 하면 몸에 끼이는 긴 양말이 제격이기 때문이다.

한국에 입국해서도 생리팬티가 있는지 몰라 생리기간에는 팬티스타킹을 잘라 사용한 적이 있다. 생리팬티를 알게 된 것은 선배 언니 때문이다. 북한 여성에게는 생리팬티도 중요하지만, 속옷의 아름다움을 느낄 수 있도록 다양한 팬티가 북한에 공급될 수 있으면 좋겠다. 북한의 의류공장은 전기가 없이도 발 재봉기나 손 재봉기로 원자재만 있으면 얼마든지 팬티를 생산할 수 있다. 일부 의류 장사꾼들은 중국

아동과 여성은 '소비의 왕'

에서 원단을 들여다 팬티를 비롯해 속옷을 만들어 판다.

언젠가 해외 북한 음식점에서 종업원들이 댄스를 하다가 빨강 팬티가 보여 화들짝 놀랐다는 기사를 본 적이 있다. 북한 도시 장마당에서 판매되는 여성 팬티는 중국산 빨강 팬티가 주를 이루었던 점으로 미루어 댄스 때 보인 팬티는 중국산으로 추정된다. 섬유산업 분야의 남북협력이 북한 여성들을 아름답게 해주는 지름길이 아닐까?

핸드백

여성에게 있어 핸드백은 패션 그 자체다. 1980년대 북한 여성들은 비닐로 만든 핸드백을 주로 사용했다. 가방공장들에서 학생 가방을 비롯해 여성 어깨끈 가방(크로스백), 들가방(핸드백)을 생산했다. 1990년대에는 비닐 원자재의 부족으로 개인수공업자들이 천 가방을 만들어 시장에 공급했다. 한국의 '에코백'과 유사한 가방이다. 그렇게 만들어진 천 가방을 '데사구'라 했는데, 어원은 불명확하다. 핸드백에는 화장품을 비롯해 작은 소지품을 넣고 다닐 수 있지만, 데사구는 장마당에서 산 식품도 넣을 수 있는 주머니라 할 수 있다.

2000년대 중반 들어 '데사구'는 사라지고 핸드백이 유행함으로써 도시 여성들의 패션으로 재등장했다. 리설주의 등장으로 핸드백에 이어 크로스백, 클러치백이 북한 여성들 속에서 유행한다. 특히 젊은 여성들에게는 의상에 가방과 구두를 맞추는 경향이 나타나고 있다. 과거

천편일률적이던 스타일이 각자 개성으로 변화한다. 최근 입국한 탈북민들은 요즘 북한 젊은 여성들이 부모님 세대와 달리 돈을 모아 자신을 꾸미는데 투자한다고 증언한다.

양산

북한 여성들에게 있어 양산은 어떤 상품일까? 먹고살기 어려웠던 1990년대 여성용 양산은 사치에 불과했다. 1970~1980년대에는 평양 등 대도시 일부 여성들을 제외하고 양산을 써본 여성들이 드물다. 양산은 필수품이 아니라 사치품이었기 때문이다.

북한 여성을 비롯, 모든 사람들은 여름이면 뙤약볕에 얼굴이 까맣게 그을렸다가 가을을 지나 겨울이면 다시 원래의 모습으로 돌아가는 것을 순리로 인식했다. 젊은 여성들은 대학생이든 사회인이든 4~6월까지 늦으면 7월까지 모내기와 김매기에 동원되기 때문에 얼굴이 그을릴 수밖에 없다. 삼복더위에도 선크림은 고사하고 양산을 써본 적이 없다. 그런 탓에 여름이면 '우리 탄자니아 사람 됐어'라는 우스갯소리를 하곤 한다. 그래서 북한 사람들은 여름에는 탄자니아 사람이 되었다가 겨울이면 다시 '조선사람'으로 태어나곤 하였다.

평양 여성들이 여름에 양산을 사용하게 된 것은 2000년대부터이다. 장사로 먹는 문제가 어느 정도 해결되고, 중국산 양산이 시장에 공급되면서 여유 있는 여성들을 중심으로 양산 사용이 늘어났다. 현재

아동과 여성은 '소비의 왕'

많은 여성들이 자외선을 막으려고 선크림을 바르며, 양상은 필수 아이템으로 이용되고 있다.

5부

엄마들의 로망

가사노동 기계에 맡기고 싶어요

CHAPTER 7

가전제품

가전제품은 1920년대 여성들의 가사노동을 줄이는 취지에서 선보인 후 그 기능이 점점 더 정교해지고 고급화되면서 없어서는 안 될 중요한 제품으로 자리 잡고 있다. 이는 전력난으로 전기공급이 부족한 북한에도 예외는 아니다.

과거 북한에서는 혼수 필수품으로 '오장육기'를 꼽았다.
오장은 5가지 가구를 이르는 용어다.
이불장, 신발장, 옷장, 식장(찬장), 책장이 속한다.
육기는 6가지 가전제품들로 텔레비전, 사진기,
냉장고, 세탁기, 선풍기, 녹음기이다.

최근에는 노트북, 전기밥솥, 태양광판 등의
가전제품이 있어야 '괜찮게 산다'고 평가받는다.
오늘날 북한에서 가전제품 보유는 삶의 질을 높여준다는
의미를 넘어 부의 상징이다.

북한에서 가전제품 생산은 여성들을 가사부담에서 '해방'시킨다는 의미에서 일찌감치 거론되었다. 1970년 노동당 제5차 대회에서 경제 생산의 기계화, 자동화 실시를 강조하며 '3대기술혁명' 노선을 제시했다. 이 노선은 중노동과 경노동의 차이, 공업과 농업의 차이, 여성을 가정의 힘든 일에서 벗어나게 하는 것이었다. 북한은 '3대기술혁명'을 사회주의공업화가 실현된 다음에 수행해야 할 높은 단계의 기술혁명으로 강조하며 가전제품 생산을 추진했다.

오늘날 대동강텔레비전수상기공장, 평양자동화기구공장, 평양조명기구공장, 모란봉자동화기구공장, 남포전기기계공장, 대안중기계연합기업소 생필분공장, 문천영예군인전기일용품공장, 새날전기공장 등 북한 전역에 세워진 공장들이 TV, 전기다리미, 선풍기, 냉장고, 변압기, 분쇄기, 세탁기 등 주민 생활에 필요한 가전제품을 생산하고 있다. 생산된 제품들은 평양제1백화점이나 광복지구상업중심(쇼핑센터) 등 전국각지의 국영상점들을 통해 주민들에게 공급된다.

품질이 괜찮으면서 수요가 많은 가전제품은 원활하지 못한 생산 때문에 인민반*을 통한 배정표**를 발행하여 공급하는 방식을 취하고 있다. 북한 가전제품들의 가격은 중국산에 비해 싼 편이지만, 제품 수준이나 공급량이 주민들의 기대와 수요에 미치지 못한다.

---

* 인민반은 북한 행정조직의 최말단 단위로서 20~30가구 정도로 구성되어 있으며 구역인민위원회의 통제를 받는다.
** 생필품을 배급받기 위해서는 인민위원회에서 발행하는 표. 배정표가 있어야 한다. 없으면 돈을 지불하더라도 해당 물건을 살 수 없다.

엄마들의 로망

북한은 원자재나 기술, 안정적인 전력공급이 뒷받침되지 못해 가전제품의 대부분을 수입에 의존하고 있다. 1980년대~1990년대 북한의 주요가전제품 수입국은 일본이었다. 2000년대 중반부터 대북제재 조치가 강화되자 중국산 가전제품 수입량을 늘이는 모습이다.

김정은 시대에 접어들어 북한은 인민소비품(생활필수품)생산의 질적, 양적수준 상승을 강조하며 '인민소비품전시회'를 개최하고 있다. 무역회사들은 가전제품을 수입하여 낙원백화점, 대성백화점 등 외화상점들과 각 구역의 전자제품 판매봉사소에 비싼 값으로 판매하고 있다. 일부는 밀무역을 통해 시장으로 흘러든다.

북한의 시장화로 북한 주민들은 장마당에서도 가전제품을 비교적 쉽게 구매할 수 있게 되었다. 시장활동을 통해 자금을 축적한 북한 주민들이 태양열광판을 통해 가전제품을 이용하고 있으며, 고급 가전제품에 대한 관심도 증가하고 있다. 밀수를 통해 장마당에 들어오는 한국산 가전제품은 북한 주민들 속에서 상당한 인기를 누리고 있다. 성능이 좋고 북한과 동일한 220V에서 사용 가능하며 한글로 표기된 사용설명서가 주는 편리함은 주민들의 구매력을 자극하기에 충분하다. 텔레비전, 냉장고, 가정용 믹서, 전기밥솥, 태양열광판, 세탁기, 정수기, 온수 및 전기매트, 에어컨 등 한국산 가전제품에 대한 수요는 북한 주민들의 풍요로운 삶을 추구하는 욕구와 함께 남북교류 활성화가 이루어질 경우, 급격히 늘어날 것이라 본다.

텔레비전

북한에서 보냈던 설날이나 명절을 추억할 때면 빼놓을 수 없는 것이 텔레비전이다. 여가생활의 재미를 특별히 찾아보기 어려운 현실에서 설날이나 명절에 기대하는 건 텔레비전 방송프로그램이다. 명절 전날, 텔레비전 방송 마감 시간에 전해주는 다음날 TV 방송순서를 종이에 써놓고 좋아라. 재잘대는 아이들의 모습은 북한 주민 생활에서 텔레비전이 차지하는 비중을 설명하고도 남는다.

북한의 대부분 가정은 텔레비전을 보유하려고 한다. 2010년까지만 하여도 북한에서는 천연색텔레비전(컬러TV) 와 흑색 텔레비전(흑백 TV) 의 보유 비율이 거의 같았다. 그러나 최근에는 주민들의 구매력 상승과 문화생활에 대한 기대가 높아지면서 흑백 TV를 보유한 가구들은 보기 드물다.

평양의 경우 2000년대 중반부터 상당수의 부유층 가구들이 디지털 방송을 수신할 수 있는 42인치 이상의 외국산 LCD TV를 보유했다. 당시 대형 LCD TV는 부의 과시용일 뿐, 실제 시청은 불편하기 그지없었다. 화면에 나오는 사람들이 죄다 뚱뚱하게 보였기 때문이다. 북한은 2015년부터 DVB-S2 규격의 디지털 방식 HD 방송을 송출하고 있다.

주민들은 텔레비전을 백화점, 외화상점, 시장 등에서 구매한다. 시장을 통한 중국산 제품 구매가 압도적이다. 가정에서 텔레비전을 구매하면 담당 보위원의 검열을 받고 외국 주파수 차단 확인 딱지를 붙인

엄마들의 로망

다. 텔레비전에 대한 단속도 수시로 있다. 주민들은 이와 같은 불편을 피하려고 북한에서 외국 합작으로 생산하는 텔레비전의 구매를 선호한다. 북한은 부품 등이 외국산이라 할지라도 국내에서 조립, 생산되는 TV에 대해서는 국가검열을 하지 않는다. 평양시 사동구역에 있는 대동강 텔레비전 수상기 생산공장은 주요 행사 선물로 공급하는 텔레비전을 비롯, 주요 부품을 국산화하는 데 주력하고 있다. 중국과 합작 생산공정을 꾸려 LED 텔레비전도 생산하고 있다.

나는 초고화질은 물론이고 기능적으로도 다양한 한국의 스마트 TV를 볼 때마다 북한에 한국산 TV를 보내주면 얼마나 좋을까 생각할 때가 많다. 현재 평양을 비롯한 주요 도시주민들은 대체로 한국산 TV를 구매하지 않는다. 불시검열이 잦은 북한에서 한국산 TV는 전기밥솥처럼 날쌔게 숨길 수가 없다. 그러나 한국산 제품들이 북한 시장에 진출하는 감격스러운 날도 머지않아 도래할 것이라 기대해본다. 그렇게 되면 한국산 TV에 대한 수요는 폭발적으로 증가할 것이다.

냉장고

언젠가 TV에서 '냉장고 없이 살기'라는 주제의 예능프로그램을 본 적이 있다. 그만큼 냉장고는 인류의 건강과 삶의 질, 식품 보존 등에 크게 이바지하는 필수 가전제품이다. 북한 주민들에게도 마찬가지다. 1990~2000년대 초까지 북한 중산층 이상 가구들에는 일본산 중고냉장고를 사들이는 바람이 불었다. 당시에는 혼수품으로 일본산 중고냉장고 정도는 장만해야 '괜찮게 사는 집'과 결혼한다는 평가를 받았다. 국제사회의 대북 제재가 강화되면서부터는 중국산 냉장고가 대량으로 유입되었다.

북한에서는 한국의 냉장고를 '랭동기'로, 대형 냉동기를 '극동기'로 부른다. 북한에서 잘사는 집 부엌에는 냉장고와 함께 김치냉장고 크기의 극동기가 놓여 있다. 냉장고에 냉동실이 달려있음에도 불구하고 극동기를 애용하는 것은 정전이 잦기 때문이다. 극동기는 몇 시간 정전이 되어도 식품변질을 방지할 수 있는 최고의 가전제품이다. 재북 시절 우리 집에 있는 극동기 내부의 절반은 항상 곡류로 채워져 있었다. 가을에 사들인 곡물을 다음 해 가을까지 보관하는 데 극동기 이상 더 좋은 '창고'는 없었으니 말이다. 한꺼번에 많은 고기나 쌀, 수산물을 구매할 수 있는 중산층 이상의 가정집들과 식품, 얼음, 스틱형 아이스크림 등의 장사를 하는 사람들에게 극동기는 필수 가전제품이다.

냉장고나 극동기에 대한 구매욕은 경제적으로 넉넉하지 않은 북한 가정집들에서도 예외가 아니다. 식품을 낭비하지 않고 효율적으로 소비하기 위해서라도 냉장고 구매는 필수적이다. 평양의 경우 가정들 대부분이 냉장고를 보유하고 있다. 지방도 20 % 정도의 가구들이 보유하고 있다. 김정은 시대 들어 한국산 중고김치냉장고도 밀수로 들어가고는 있지만, 한국산 제품에 대한 통제로 중국산 냉장고가 많이 유입되고 있다.

주방의 중심은 냉장고이다. 고장이 나지 않는 한 버릴 때까지 이용할 수 있을 정도다. 고급스럽고 편리한 주방을 갖고 싶은 북한 사람들

엄마들의 로망

에게도 마찬가지다. 성능과 기능, 실내장식의 완성품으로서 세계 최고를 자랑하는 한국산 냉장고가 북한의 주방들에 들어갈 그 날을 생각하면 지금도 가슴이 설렌다. 기술력 좋은 한국산 냉장고의 높은 시장점유율은 이미 약속돼있는 것이나 마찬가지다.

세탁기

20세기 전반기에 세상에 모습을 드러낸 세탁기는 끊임없는 혁신과정을 거치면서 이제는 "가사노동을 줄여준 획기적 발명품", "여성의 사회진출을 활발하게 한 주역"이 되었다. 북한에서도 여성을 어렵고 힘든 가사노동에서 벗어나게 해야 한다는 의미에서 세탁 문제는 1970년대부터 거론되었다. 당시 북한은 '3대 기술혁명' 과업 관철 차원에서 동네마다 세탁소들을 세우고 운영했다.

1990년대 '고난의 행군' 시기를 거치면서 국가에서 운영하는 세탁소들은 대부분 문을 닫았다. 이후 시장의 확산과 더불어 개인이 운영하는 세탁소들이 생겨났다. 북한에서는 '드라이클리닝'을 '화학세탁'이라 부른다. 고급원단이나 친환경소재로 만들어진 좋은 옷을 세탁할 때는 외화 '화학세탁소'나 재일교포들이 운영하는 개인세탁소들에 비싼 값으로 맡긴다.

어렵게 사는 북한 주민들을 소개할 때 흔히 볼 수 있는 사진이 강가에 앉아 빨래하는 여인들의 모습이다. 북한 주민들은 손빨래만 하는

가? 라고 생각할 수도 있으나 2000년대 들어서면서부터 평양 시내 가정들을 중심으로 세탁기 사용이 급증하고 있다. 혼수품 중의 하나로 세탁기를 꼽을 정도다. 북한에서 세탁기를 사용하는 데 있어 애로사항은 전기와 물이다. 평양의 경우 전기는 공급되어도 수돗물은 24시간 공급되지 않는다. 평양 아파트에는 일반적으로 아침, 저녁으로 1시간 정도 수돗물을 공급한다. 평양의 중산층 이상 가정들은 화장실에 1t 이상의 물을 저장할 수 있는 물탱크를 설치하고 필요한 시간에 세탁기를 돌리고 있다.

북한에서도 세탁기를 생산하기는 하지만 생산량이 적을 뿐 아니라 질적으로도 매우 부족하다. 세탁할 때 소리가 요란하고 고장이 잦다. 세탁의 질도 낮다. 한국산 제품 사용을 통제하기 때문에 현재 북한에서 사용되는 세탁기 대부분은 중국산이다.

북한 일꾼들이 해외 출장을 나가면 세탁기만큼은 제일 좋은 것을 구매한다. 좋은 원단의 옷들은 그 관리에 따라 수명이 좌우되기 때문이다. 외교관, 무역일꾼들 등 북한 부유층들이 아내에게 선물하는 1순위가 유럽산 세탁기라고 말할 수 있을 정도다.

세련된 디자인과 높은 활용도, 편의성과 기능 면에서 으뜸인 한국산 세탁기를 볼 때마다 북한 시장을 가득 채울 그 날을 꿈꿔본다. 그날이 오면, 세탁뿐만 아니라 인공지능기능으로 옷감 재질에 따른 스팀과 건조까지 완벽하게 구현해 내는 한국산 세탁기의 신세계를 경험하게 될 것이다.

에어컨

지구온난화로 여름만 되면 불볕더위가 기승을 부린다. 북한의 여름도 갈수록 폭염이 잦아지는 날씨다. 북한 주민들은 어떻게 무더위를 피할까? 한국처럼 여름철 휴가를 보내는 문화는 없지만 폭염을 피해 집에서 가까운 바다나 산을 찾는 경우가 있다. 평양주민들의 경우 물놀이장을 찾을 때도 있지만 성수기에는 사람들이 몰려 그마저 엄두내기가 어렵다. 대부분 선풍기로 무더위를 견디어낸다. 그러다가 정전이 되면 선풍기 없이 부채질로만 하는 경우도 많다. 몸을 식힐 데 없는 일부 평양주민들은 지하철을 찾기도 한다. 지하 100 m 이하에 있는 평양 지하철도는 더위를 피하기 위한 최고의 대피소로 여기고 있다.

북한에서도 폭염에 대비해 에어컨 수요가 증가하고 있다. 북한에서는 에어컨을 '냉풍기'라고 부른다. 몇 년 전까지만 해도 북한에서 에어컨을 설치할 수 있는 곳은 평양 대극장을 비롯한 공공건물들과 당국에서 배려하는 특별주택들로 제한되어 있었다. 전력 사정이 나쁜 이유에서였다. 2018년 들어 북한은 개인 주택에서도 에어컨을 사용할 수 있도록 허가했다. 평양시는 살림집들에 적산전력계를 설치하고, 가구 인원수를 기준으로 국가 전기를 쓸 수 있는 한도를 정해주었다. 만약한도 이상으로 전기를 사용하면 누진제를 적용해 비싼 전기세를 내도록 했다. 그럼에도 평양지역 에어컨 수요는 급증하고 있는 형편이다.

평양뿐만 아니라 국가 전기가 잘 보장되지 않는 지방에서도 에어컨에 대한 관심이 높아지고 있다. 시장 활동으로 자금을 축적한 주민들의 경우, 주택에 디젤발전기나 태양광 발전설비를 설치하고 에어컨 등 가전제품을 사용하고 있다.

북한 주민들은 대부분 중국산 에어컨을 시장을 통해 구매한다. 무역회사나 장사꾼들은 밀수로 중국산 에어컨을 구매해 시장에 공급하고 있다. 중국에서 밀수하는 질 낮은 가정용 에어컨도 시장에서 500~600달러 이상에 팔리고 있다.

한국의 에어컨은 성능뿐 아니라 그 종류만 해도 대단하다. 냉방기능은 물론이고 공기 청정과 미세먼지 제거 및 제습 기능까지 갖추고 있다. 그 형태도 멀티형에어컨, 스탠드형 에어컨, 벽걸이 에어컨, 이동식 에어컨, 창문형 에어컨, 천장형 에어컨 등 다양하다. 대북 제재가 해제되고 남북 간 교류와 협력이 활발히 추진되어 한국산 에어컨이 북한 시장에 진출한다면 북한 가정에서도 유용한 가전제품으로 최고 인기를 누릴 것이다.

전기밥솥

전기밥솥은 구수하고 찰진 밥을 지을 수 있을 뿐만 아니라 찜, 죽, 빵 등 다양한 요리들도 간편하게 만들어 먹을 수 있는 필수 가전제품이다. 북한에도 전기밥솥이 있다. 북한에서는 전기밥솥을 '전기밥가마'라고 한다.

북한은 1970년대 도시의 주택 밀집 지역에 밥 공장을 설치하고,

'전기밥가마'를 생산했다. 밥 공장은 일정한 수수료를 받고 주민들에게 밥이나 떡, 마른국수 등을 공급하는 곳이다. 당시 주민들은 양권(식량 배급권)을 사용해 밥이나 국수를 공급받을 수 있었다. 그러나 1990년대' 고난의 행군' 이후 양권 사용이 어려워지면서부터 쌀, 옥수수 등 현물을 주어야 밥 공장을 이용할 수 있었다. 양권은 주민들의 소속 직장에서 발급되는데 식량 배급표와 유사하다. 여행이나 출장 중에 식당이나 여관에서 식사할 때 사용되며, 밥 공장 등에서 국수, 떡 등을 구입할 때도 사용된다.

북한 전기밥솥 중에는 전자공업성 산하 평양자동화기구공장에서 생산하는 전기밥가마가 제일 큰 인기를 누리고 있다. 일반 가정용 전기밥솥과 고압 전기밥솥을 생산한다. 같은 쌀이라도 고압 전기밥솥으로 지은 밥이 더 맛이 좋다. 북한산 전기밥솥은 밥이 타거나 설익는 현상 등 기술력에서 보완이 요구되고 있으며, 디자인 면에서도 조악하다. 전력소비량에서도 단점을 가지고 있다. 북한 당국 스스로도 전기밥솥 사용 시 전기절약을 강조하고 있다. 2020년 2월 북한 선전매체 '조선의 오늘'은 "가정전기제품 중 전기밥솥이 전력 소모가 많은 제품의 하나"라고 하면서 전기밥가마 사용 관련 전기절약을 강조한 바 있다.

현재 북한에서는 많은 가구가 전기밥솥을 보유하고 있다. 북한의 전기밥솥 시장은 대부분 중국제지만 최근 한국산 전기밥솥도 상당히 선호하고 있는 편이다. 북한 시장에서는 밀수로 들여온 한국산 전기밥솥을 매대 아래 숨겨놓고 파는 상인들을 어렵지 않게 찾아볼 수 있다. 시장에서 중국산 전기밥솥이 15~20만 원인데 비해 암시장에서 팔리는 한국산은 60만 원 정도의 고가다. 그럼에도 당국의 단속을 피해 집에 한국산 전기압력밥솥을 몰래 숨겨두고 쓰는 북한 주민들이 증가하고 있다.

회사 업무상으로 중국을 방문한 사람들은 뛰어난 성능을 가진 한국산 전기압력밥솥 구매를 주요 쇼핑 목록에 올리고 있다. 다만, 밥이 완성되었을 때 신호를 보내는 알리미가 탑재된 전기밥솥은 사양한다. 가정집에 전기단속반 검열원들이 들어왔을 때 숨겨놓은 전기밥솥에서 알리미가 울리면 안 되기 때문이다. 남북교역이 재개되고 북한 주민들도 한국산 전기밥솥을 자유롭게 구매할 수 있는 날이 온다면, 한국산 전기밥솥은 가전제품 왕중왕이 될 것이다.

정수기

사람이 살아가는 데 없어서는 안 되는 것이 물이지만 환경문제로 오염되어가고 있다. 오염된 물은 우리의 건강을 위협하는 요인이다. 그러므로 충분한 수분 섭취를 가능케 하는 정수기는 오늘날 필수 가전제품으로 자리매김하고 있다.

안전한 물에 대한 높은 관심은 북한도 마찬가지이다. 1990년대 '고난의 행군' 시기부터 모든 지역의 수질이 급격히 나빠졌다. 광산지역에서는 중금속과 화학 시약에 오염된 폐수들을 강이나 산에 버리고 30년 이상 된 노후 수도관들을 교체하지 못하면서 붉은 수돗물이 흘러나올 때도 있었다. 평양도 일부 아파트들에서 비가 온 뒤에는 수도에서 흙탕물이 나오는 현상을 목격할 수 있었다.

도시주민의 식수원인 강이나 호수가 오염되지 않도록 북한 당국은 의학과학원 위생연구소를 통해 대동강 정화, 환원 수, 오존 수 등 물 위생연구'를 하고는 있으나 적정수준에는 이르지 못하고 있다. '깨끗한 물' 공급을 중요시해 건강음료개발과 가정용 정수기 보급을 시도하고 있으나, 소독제 구입이 어렵고 전력난과 기술·설비 부족으로 주민들은 정수기를 제대로 활용하지 못하고 있다.

북한에서는 정수기를 '물 소독기'라고 부른다. 북한에서 생산하는 정수기로는 고려의학과학원 고려생명수기술센터에서 개발한 '고려 생명수 발생기', 만경대렌트겐공장에서 생산하는 물 소독기, 나노 빛 촉매 재료를 이용한 가정용 물 소독기, 오존 가스를 이용한 물 소독기 등이 있다. 최근에는 웰빙 바람도 불고 있다. 김정은 체제 들어 시장화에 따라 구매력이 생긴 주민들은 안전하고 건강한 물을 마시는데 돈을 지출하고자 하는 분위기가 확산하고 있다.

특히, 수돗물의 수질이 좋지 않기 때문에 평양 중산층 이상은 강서약수, 신덕샘물(생수), 고려 동양 샘물 등을 구입하고 있다. 그러나 일반 주민들의 생수 구매는 비용이 많이 들고 대단히 불편하다. 한국은 정수기 종류만 해도 직수 정수기, 얼음 정수기, 냉온 정수기, 탄산수 정수기, 살균탑재·셀프케어기능 정수기, 생수통 정수기, 미네랄 필터 정수기 등 다양하다.

믹서기

TV의 한 예능프로그램에서 유명 배우가 맷돌에서 음식 재료가 갈려 나오는 것을 보고 신기해하던 모습이 떠오른다. 북한에서는 지금도 맷돌질하는 모습을 어렵지 않게 볼 수 있다.

북한에서는 맷돌질을 망질이라고 한다. 북한 지방은 산지가 많을 뿐 아니라 강수량도 적어 벼농사가 어려운 편이다. 벼보다는 팥, 옥수수, 메밀, 감자, 수수, 콩 등의 잡곡을 더 많이 재배한다. 그리고 잡곡들을 활용한 음식들도 많이 섭취한다. 강냉이(옥수수) 지짐, 녹두부침개, 콩비지, 언 감자떡, 감자국수, 강냉이 떡 등이 그런 것이다. 이와 같은 음식들을 준비하는 과정에서 '망질'을 한다. 예를 들어 북한 사람들이 즐겨 먹는 강냉이 지짐은 건강에도 좋고 구수하기 그지없지만 무거운 맷돌에 옥수수를 넣고 돌려야 하므로 땀범벅이 되기도 한다. 북한 전통음식인 녹두전을 만들 때도 마찬가지다. 가운데 돼지비계를 두고 지지는 녹두전은 비계 기름이 녹두전에 스며들어야 맛이 일품이다. 하지만 감자를 강판에 갈아서 전분을 모아내는 힘든 과정을 거쳐야 한다. 이럴 땐 분쇄기라도 있었으면 하는 생각이 간절하다.

한국에서는 분쇄기라고 하면 음식물분쇄기를 먼저 떠올리지만, 북한에서는 믹서기를 가정용 전기분쇄기라고 한다. 북한도 믹서기를 생산한다. 평양의 경우 제1백화점, 역전백화점, 창광상점, 기계공업 직매점 등에서 가정용 전기분쇄기를 판매하는 것을 볼 수 있다. 시장에 가면 중국산 믹서기들도 있다. 이러한 믹서기들은 대부분 플라스틱으로 제작되어서 분쇄하는 과정에 흠집이 많이 나고 쉽게 손상이 간다. 냄새가 배어 오래 사용할 수 없고, 소음도 심하다. 모터의 힘이 약해 부드럽게 분쇄되지 못하는 아쉬움도 있다.

최근 들어 북한에서도 믹서기에 대한 수요가 급증하고 있다. 전력 사정으로 가전제품을 사용하기 어려웠으나, 살림집들에 태양열광판을 설치해 자가 발전을 하면서부터는 성능 좋고 편리한 믹서기를 많이 찾고 있다.

강화유리로 된 한국산 믹서기는 얼음까지 갈아주는 강한 분쇄력을 가질 뿐만 아니라, 다단계 속도조절기능, 6중 칼날, 자동세척모드, 고급스러운 디자인, 자동용기감지센서 등으로 무장되어 있어 주방의 주인공으로 자리매김하고 있다. 진공 초고속 블랜더, 다용도 믹서기, 양념 분쇄기, 수동블렌더, 커터기 등 그 종류만 해도 수없이 많다. 한국산 믹서기들이 북한 시장에 진출하면 북한 주부들의 최애용 제품으로 부상할 것이다

온수 및 전기매트

"올해는 지난해보다 더 추운 것 같네. 북한 사람들 많이 고생 하겠는데~" 추운 겨울이 오면 고되고 힘든 겨울을 보내야 하는 북한의 부모, 형제, 지인들 걱정에 마음이 아프다. 북한의 겨울은 엄혹하다. 평균 영하 18도를 오르내리는 한파가 계속되면 생명이 위협받기도

한다.

석탄으로 밥을 해 먹고 난방도 해결해야 하는 주민들은 연탄이나 석탄 준비에 정신이 없다. 석탄을 사서 겨울을 나기에는 돈이 빠듯한 주민들은 나무라도 준비하려고 산을 오른다. 요즘은 북한도 벌목이 불법으로 처벌 대상이다. 나무를 베려면 산림경영사업소 산림감독원의 눈을 피해 점점 더 깊은 산으로 들어가야만 한다.

평양을 비롯한 도시주민들은 겨울에 한국의 소형 연탄과 유사한 착화탄을 이용한다. 대략 15 cm, 높이 3～4 cm 되는 착화탄으로 밥도 짓고, 난방도 한다. 평양시 인민반은 착화탄이 종이 한 장으로도 쉽게 불을 지필 수 있다고 선전하고 있으나, 이때 발생하는 일산화탄소는 위험하다. 추워서 문을 꼭꼭 닫고 있는 겨울에는 더더욱 걱정스럽다. 착화탄이 환경에 미치는 영향 때문에 평양시 중구역을 비롯한 중심구역 가정들에서는 무동력 보일러 사용이 금지되어 있다.

전기장판이나 전기담요는 북한의 주민들에게 추위를 막는 필수품이다. 전력난으로 지속적인 사용은 어렵지만 도시주민들은 전기가 오는 틈을 놓치지 않고 전기매트를 이용한다. 주민들은 대부분 시장을 통해 중국산 전기담요나 전기장판을 구입한다. 안전하게 설계되지 못한 중국산 전기매트를 사용하다 화재 사고가 나거나 화상을 입는 경우도 많이 목격할 수 있다.

전기장판 사용이 대중화되면서 북한에서 생산하여 공급되기도 한다. 공급한 전기장판 외 소비전력이 높은 다른 전기매트 이용은 금지되어 있다. 특히 한국산 전기매트의 사용은 엄격한 단속 대상이다. 한국산 전기매트는 화재 걱정에 대한 불안을 해소하는 데 도움이 되고,

온도설정을 비롯한 제어기능이 정밀하다. 그 밖에 타이머 사용의 편리성으로 해서 북한 주민들이 많이 선호한다.

요즘 한국 가정에서는 전자파 때문에 전기매트보다는 온수 매트를 더 많이 활용한다. 전자파 걱정 없고 안전한 가전제품을 사용하며 건강하고 행복한 삶을 추구하려는 것은 북한 사람도 마찬가지다. 안전하고 소음이 없을 뿐 아니라 사용하다 오염이 되어도 세탁기를 돌려 세탁까지 할 수 있는 강한 내구성의 온수 매트는 북한에서 추위를 견디어낼 대표적인 겨울 필수품이 될 것이다.

컴퓨터

최근 북한의 영상을 보면 사무관리, 문서처리, 연구, 회계처리 등을 위해 컴퓨터, 노트북, 태블릿PC 등을 구입하고 있는 것을 볼 수 있다. 북한에서 대학생이라면 컴퓨터는 보유하고 있어야 고등교육과정을 성공적으로 이수할 수 있다.

북한에서는 노트북을 '노트컴'으로, 노트텔을 '영상재생기'로, 태블릿PC를 '판형 컴퓨터'로 부른다. 김정은 시대 들어 북한은 IT 기반 정보산업 시대에 걸맞은 전자제품들의 이용을 적극적으로 장려하고 있다. 컴퓨터, 태블릿PC 등을 자체 개발하여 출시하고 있다. 2010년부터 조선컴퓨터센터, 아침팬더 합작회사, 룡악산정보기술교류소 등에서 태블릿PC를 개발해 '아리랑', '삼지연', '아침', '룡흥', '노을' 등의 브랜드로 출시했다.

아이패드 미니처럼 보이는 북한산 태블릿PC는 사무처리 기능과 화상처리, 파일 압축기능 등 각종 형태의 프로그램들을 탑재하고 있지만, 질적인 측면에서 수요자들의 요구를 충족시키지 못하고 있다. 2015년 제18차 평양봄철국제상품전람회에 출시하였던 태블릿PC '묘향'은 듀얼코어 중앙처리장치(CPU)를 탑재하고 1G B(기가바이트)램, 해상도 1024×600화소 패널을 장착하고 있으나, 이 정도의 사양이면 당시 한국산은 물론이고 중국산 태블릿PC에도 많이 떨어지는 것으로 된다.

북한산 태블릿PC는 무겁고 화면 터치 인식 속도나 화질, 배터리 기능 면에서 떨어진다. 이에 비해 가격은 200~300달러 내외로 비싸다. 이런 이유로 하여 북한 시장에서 유통되는 노트북이나 태블릿PC는 대부분 중국산이다. 최근에는 대학생뿐 아니라 초, 고급 중학교 학생들 속에서도 노트북 구매 열풍이 불고 있다. 중국산은 가격이 싸지만 대신 고장이 잦다. 한국산은 고가이기는 하지만 품질이 확실하다. 이 점이 북한 주민들에게 확산하면서 한국산은 부의 상징으로 인식되고 있다. 북한 시장에 밀수로 흘러들어오는 한국산 컴퓨터는 단속을 피해 상표를 가리거나 중국 브랜드를 붙여서 판매되기도 한다.

오늘날 한국산 컴퓨터는 성능, 보안, A/S 등에서 세계 최고의 수준을 자랑하고 있다. 남북경협이 본격적으로 추진되어 북한 시장에 진출하는 날엔 자녀를 앞세운 북한 주민들이 가장 먼저 찾는 곳이 컴퓨터 매장일 것이다.

엄마들의 로망

태양열광판

세계의 많은 나라가 기후변화와 에너지 고갈의 위기 극복을 위해 화석연료의 소비 비중을 낮추고 지속적으로 이용 가능한 재생에너지 개발과 이용에 노력하고 있다. 북한에서도 마찬가지다. 특히, 만성적인 전력난을 겪는 북한의 경우에 태양광에너지를 비롯한 자연에너지 이용에 거는 기대감은 상당하다. 2014년과 2016년 신년사에서 김정은 총비서는 "태양광을 비롯한 자연에너지를 적극적으로 이용해 어려운 전력 문제를 풀기 위한 사업을 힘있게 밀고 나갈 것"을 강조한 바 있다.

북한에서는 태양광 패널을 '태양 빛 전지판'이라고 부른다. 2020년 4월 북한 대외선전용 웹사이트 '조선의 오늘'은 "과학기술전당에 태양 빛 전지판을 설치하였다"라고 소개하면서 이곳에서 나오는 전력으로 조명은 물론, 컴퓨터들과 각종 네트워크 관련 설비들에 전력을 제공하고 있다고 했다. 북한에서 태양광 패널 설치에 관한 관심은 기관, 기업소뿐만 아니라 가정들에서도 높다. 조명이나 텔레비전 시청 등에 필요한 가정용 전기를 태양광 패널을 이용한 자가 발전으로 해결하고자 하는 주민들이 급증하고 있다. 시장 활동으로 벌어들인 돈으로 우선 구입하는 제품이 태양광 패널이다. 수입이 늘면 하나 더 사들이려고 하는 제품도 태양광 패널이다.

태양에너지 활용과 도입이 강조되면서 평양조명기구공장 등에서 태양광 패널을 생산하고 있지만, 수요보다 생산량이 매우 부족한 편이다. 북한 시장에서 유통되는 대부분의 태양광 패널은 중국산이다. 태양광 패널 이용이 보편화하면서 핸드폰 충전 등에 필요한 저용량 패널뿐 아니라 냉장고, 세탁기 등을 사용할 수 있는 고용량 패널을 이용하는 가정집도 많이 늘었다. 250W 태양광판과 발전시설 구입에는 200 ~300달러 이상의 비용이 든다.

태양광 전력생산의 효율성을 높이는 문제는 태양광 패널 생산 못지않게 중요하다. 용량이 큰 역 변환기와 축전지, 전력감시체계 등 발전설비의 설계, 제작 및 효율적인 관리는 태양광 전력생산에 큰 영향을 미친다. 북한 과학기술전당의 경우 건물 지붕과 대동강 기슭을 따라가며 설치돼있는 수천 장의 태양광 패널은 하나의 태양광발전소라고 해도 과언이 아니다.

태양광발전 장치에 관한 다양하고 효율적인 시스템과 성능, 기술특허를 소유한 한국 기업들의 북한 진출은 북한의 전력난을 해결하고 한국의 경제에도 기여할 것이다. 남북경제협력 시대가 도래하면 북한 투자 프로젝트 일 순위는 태양광발전을 비롯한 신재생에너지 분야가 되지 않을까 생각해본다.

엄마들의 로망

CHAPTER 8

주방용품

북한 가정에서 요리하는 공간을 부엌이라고 하고 주방용품을 부엌세간이라 부른다. 부엌세간은 부엌 형태에 따라 차이가 있다. 평양의 아파트처럼 부뚜막이 따로 없는 부엌세간에는 가스레인지가 필수적이다. 연탄을 이용하는 중소도시 주택과 갈탄이나 나무, 볏짚을 땔감으로 이용하는 농촌의 경우에는 아궁이가 있으므로 가스레인지가 없어도 무방하다. 도시주택에서는 가스레인지나 연탄불에 사용할 수 있는 가벼운 알루미늄 가마를, 농촌주택에서는 무쇠 가마(가마솥)를 이용하고 있다. 최근 들어 주민들에게 공급하는 주택구조가 현대화 되고 있지만, 가스 부족 등으로 농촌 부엌은 옛날 구조에서 거의 벗어나지 못하고 있다.

북한은 한국과 달리 주방용품 종류가 많지 않다. 국가공급이 정상적으로 진행되던 1990년대 중반까지 생산품의 종류를 정해주고 생산하도록 했다. 이에 따라 부엌에 꼭 필요한 제품들만 생산되었다. 새로운 제품을 개발해도 원부자재 부족으로 수요를 보장하기 어려웠다. 북한에서 생산되는 주방용품에는 화기류인 석유풍로(풍로)와 가스레인지, 솥류인 가마(무쇠, 알루미늄, 스테인리스), 팬류인 지짐 판(프라이팬), 재료 손질과 준비에 필요한 절구, 맷돌, 소쿠리, 양푼(플라스틱, 스테인리스), 양동이를 비롯, 간장·된장·소금·장조림 등을 보관하는 단지(또는 독), 조리를 위한 쌀 함박, 도마, 칼, 주걱, 국자, 국수 조리개, 뒤지개와 함께, 식사 도구인 밥상(네모, 원형 나무 밥상), 밥그릇, 국그릇, 접시, 수저, 설거지용 수세미, 행주 등이 있다.

> 김정은 집권 이후 제품의 다종화, 다양화를 강조하고 있어
> 주방용품의 종류도 증가하고 있지만,
> 중국으로부터의 외부유입이 없으면
> 수요를 보장하기 어려운 실정이다.

주방용품은 인간의 기본욕구인 식생활과 관련된다. 어떤 주방용품을 사용하고 있는가에 따라 그 사회의 식생활 수준, 나아가 전반적인 생활 수준이 평가된다. 미국의 심리학자인 매슬로우는 인간의 욕망을 5단계로 설명하는 '욕망의 이론'을 발표했는데, 이에 따르면 가장 낮은 단계의 욕구는 바로 인간의 식생활 욕구를 포함한 생리적 욕구이다.

북한 주민들이 사용하는 주방용품을 보면, 상당히 단조롭고 주방 일이 많이 힘들 것이라는 예상을 할 수 있다. 다양한 음식을 만들려면 주방용품 종류가 많아야 할 것이고 힘을 들이지 않고 쉽게 음식을 만들려면 주방용품 수준이 높아야 할 것이다. 그런데도 북한 농촌을 비롯해 중소도시 가정들은 한국 가정들에서 거의 사라진 절구와 맷돌을 필수품처럼 가지고 있다.

아직까지 절구와 맷돌이 음식 준비를 위해 절실히 필요한 주방용품이기 때문이다. 맷돌과 절구는 한 번 사면 2세, 3세까지 물려줄 수 있어 그 수요가 많이 발생하지는 않는다. 그러나 여타 주방용품들은 소모품처럼 사용 기간이 짧아 수요는 늘 발생하나 생산이 따라가지 못해 공급이 부족하다.

북한에서 주방용품은 일용품에 속한다. 내각의 일용공업성에서 그 생산을 관장하고 있다. 칼, 주걱, 국자, 가마, 지짐판, 숟가락, 젓가락, 철 수세미 등과 같은 철제품들은 철제일용품공장에서, 플라스틱 양푼이나 쌀 함박, 양동이는 수지 일용품공장에서, 밥상은 목재 일용품공장에서 생산된다. 일용품공장은 도별로 설립되어 해당 지역주민의 수요를 보장한다. 이외 김책제철연합기업소 등 중앙기업의 일용품 직장에서 생산되는 주방용품들은 전국을 대상으로 하나, 기업이 있는 지역주민에 우선 공급되는 경향이 있다.

> 북한 여성들은 부엌세간을 장만하고
> 부엌을 치장하는 데 관심이 많다.
> 특히, 함경도 여성들은 무쇠 가마에 반짝 반짝 기름칠 하고
> 부엌의 선반 위에 대야를 비롯한 그릇을
> 상점의 '진열장'처럼 치장하며 깔끔하게 정리한다.

그러나 1990년대 '식량난'이 시작되면서 음식을 만들기 위한 주방용품보다 음식 재료를 마련하기에 급급했다. 돼지 사료를 끓이는 가마에 밥을 짓고 국을 끓여 먹어도 한 끼를 해결할 수만 있다면 만족했다. 이런 생활 속에서 악착같이 장사를 통해 돈을 벌려고 했고, 일부 여유

가 생긴 사람들이 생겨나면서 그동안 북한에서 보지 못했던 주방용품들이 중국을 통해 유입되었다.

중국, 태국산 전기밥솥에 이어 한국산 '말하는 밥솥', 믹서기, 정수기, 장통, 프라이팬, 식기 세트, 포크, 주방세제 등 주방용품이 시장에서 거래되었다. 사용해보니 한국산은 중국산보다 훨씬 이쁘고 질도 좋으나 조금 비싸다. 그래도 질 좋은 한국산이 좋다. 한국산을 이용하는 사람들은 어깨가 으쓱하고 부자 된 기분을 느낀다.

그렇다면 북한 사람들은 한국의 주방용품 중 어떤 상품을 가장 선호할까? 일부에서는 한국에서 생산한 상품이 매우 비싸서 북한에서 팔기는 어렵다고 하나, 단언컨대 북한에도 구매력 수준이 높은 사람이 적지 않다. 한국에도 부자들은 국산보다 비싸고 좋은 수입 상품을, 부자보다 구매력이 낮은 사람은 백화점 상품을, 그보다 낮은 사람은 노브랜드 상품을 구입하고 있는 것과 같다.

북한도 한국산과 같은 수입품을
사들일 수 있는 계층이 있고
한국 회사가 북한 내에서 생산한 다소
저렴한 상품을 사들일 수 있는 계층도 있다.

한국의 일부 소비자들은 신용카드 할부를 내서라도 갖고 싶은 상품을 사지 않는가? 그러니 북한의 수요와 구매력에 대한 의심은 쓸데없는 걱정이다.

엄마들의 로망

대야와 양동이

북한에서 대야와 양동이는 가정집은 물론이고 기숙사 식당과 음식점 그리고 기업과 같은 곳에서는 없어서는 안 될 필수품이다. 평양을 지나 서해로 흘러드는 곳에 대동강 하구가 있다. 매주 일요일이면 동네 아주머니들이 커다란 대야에 빨랫감을 가득 담아 머리에 이고 대동강으로 향하곤 한다. 갈 때는 마른빨래라서 가볍지만 돌아오는 길은 대야의 무게가 천근만근이다.

해마다 초겨울이면 반년 식량인 김치를 담그느라 집마다 부산하다. 엄청나게 큰 고무대야에 배추를 절이고 나면 그것을 옆집에 빌려준다. 오늘은 우리 집 고무대야가 저 집의 김치를 담가주고 내일은 저 집의 김장을 마치고는 또 다른 집으로 옮겨간다. 그렇게 동네 한 바퀴를 돌아 돌아오면 감사하지만, 때로는 금이 간 채로 올 때도 있다. 당시까지는 이웃의 정으로 아무런 대가 없이 빌려주기도 했지만, 요즘에는 잘 빌려주지 않는다. 때로는 대가가 따르기도 한다. 가끔 물건 사러 '다이소'나 DC 마트에 가면 크기별로 다양한 디자인의 대야를 볼 수 있는데, 질이 좋고 이쁜 것을 볼 때마다 어떻게 하면 북한으로 보내줄 수 있을까 라는 생각을 하게 된다.

북한에서 대야는 수지 제품 생산공장에서 만들어진다. 주원료인 폴리에틸렌 합성수지는 석유화학공업인 남흥청년화학연합기업소에서 주로 생산되는데, 생산능력은 2.5만 톤 정도다. 그 밖에도 비석유 계열에서 염화비닐수지 5만 톤, 멜라민수지 1천 톤, 메타크릴수지 1천 톤 등 5.2만 톤 생산능력을 보유하고 있다. 대형 고무대야 생산에 드는 합성고무도 석유화학공업에서 일부 생산한다.

그러나 외화 부족으로 원유 수입이 제한되어 있고 특히, 2017년 이후에는 국제사회의 고강도 대북 제재로 인해 연 400만 배럴 이상은 수입이 불가능하여 원자재공급에 한계가 있다. 더불어 폴리에틸렌의 수입이 감소하면서 폐플라스틱을 통한 재생제품을 생산하나 품질이 낮고 수명이 매우 짧아 사용이 어렵다.

양동이는 세숫대야와 마찬가지로 북한의 가정에서 매일 사용하는 필수용품이다. 특히, 1990년대 중반 경제난으로 생활용수 공급이 중단되면서 수요가 증가했다. 상수도를 대신할 수 있는 우물이 동네마다 생겨나고 사람들은 두레박으로 물을 퍼 올려 양동이로 날랐다. 영하 30도의 겨울에 플라스틱 양동이는 깨지기 일쑤여서 철이나 스테인리스 양동이의 인기가 높다. 그러나 공급량이 부족해서 구매하기는 쉽지 않다.

철 양동이는 철판을 생산하거나 다루는 금속공업 부문인 김책제철연합기업소, 황해제철연합기업소, 강선제강소 등의 소비품 생산직장에서 생산되어 기업소 직매점이나 해당 지역의 직매점 또는 시장에서 판매되나 그 수량은 턱없이 부족하다. 대야와 양동이의 쓰임새는 다음의 기사를 통해서도 알 수 있다.

"수안군 주민들은 수도가 제대로 되어 있지 않아 10리나 넘는 곳까지 가서 물을 길어다 먹고 있다. 최근처럼 비가 많이 오는 여름에는 그나마 상황이 나은 편이다. 요즘엔 바께스(양동이)와 소래(대야)에 빗물을 받아 그것을 끓여 먹고 있어 먼 곳까지 가지 않아도 된다."

남북교류가 이런 고충을 덜어주면 어떨까?

가스레인지

우리 동네 사람들은 겨울에는 연탄으로 음식을 만들고 난방을 보장하고 여름에는 석유풍로나 톱밥 난로로 밥을 지었다. 난방 연료는 국가에서 '세대주(가구주)' 직장을 통해 공급해주는 것이 원칙이다. 그러나 기준량보다 적게 주기 일쑤여서 늘 한겨울에 연탄이 모자라 이웃에게 얻어쓰는 가정이 적지 않다.

북한에서 땔감 마련은 남편의 몫이다. '잘난 남편' 만나면 땔감 걱정 없는 아내는 맘 편히 부엌살림을 할 수 있지만, '못난 남편' 만난 아내는 일 년 내내 불안하다. 차라리 농촌이라면 옥수숫대나 볏짚이라도 땔 수 있으련만, 도시주택의 아궁이에서는 이조차 가당치가 않다.

해마다 겨울이 오면 땔감 마련을 위해 분주하다. 북한은 한국보다 날씨가 추워 9월에서 다음 해 5월까지는 난방이 필요하다. 9개월로 환산하면 1년에 연탄 800여 장은 확보해야 한다. 여름은 어떨까? 석유가 전혀 나지 않아 수입에 의존하는 북한에서 취사용 연료로 석유를 공급해주지 않는다. 각자 수단껏 해결해야 한다.

간부들이나 석유를 취급하는 사람들은 어렵지 않게 해결할 수 있지만, 평범한 노동자, 농민들은 톱밥을 이용한다. 최근 들어 북한 시장에는 '고양이 뿔 내놓고 모든 것이 다 있다'라고 하니 돈만 있으면 난방과 취사용 연료 구입도 가능하다. 그러나 수요보다 공급량이 부족하고 가격이 만만치 않아 여유 있게 쓰기에는 제한이 따른다.

언제부터인가 평양사람들만 사용하던 가스레인지와 부탄가스가 장마당에서 판매되었다. 연기도 없고 화력이 좋아서 요리하기엔 제격이다. 오죽했으면 혼수 품목에까지 이름이 올랐을까? 2012년 한국의 한 TV 방송은 북한 장마당 좌판에 놓여 있는 부탄가스를 보여주면서 한국산 부탄가스가 북한에서 최고의 혼수 품목에 포함되었다고 보도한 바 있다.

최근에 건설되고 있는 평양을 비롯, 지방 도시의 신설 아파트에는 가스레인지가 설치되어 있다. 평양은 한국의 가스레인지 설치와 유사하게 환풍기까지 달려있으나, 지방의 신설 아파트 가스레인지는 가스관이 연결된 휴대용 가스레인지와 유사하다. 연탄으로 난방과 취사를 보장하던 북한의 지방에도 변화의 바람이 불고 있다.

양강도 혜산 시장에서 가스 1 kg가격은 인민폐 18위안이다. 가스통 1개는 20 kg이고 20일가량 사용할 수 있다. 한 달 동안 가스를 사용하면 540위안(북한돈 65만 원 정도)이 소요된다. 이는 일반 가정이 한겨울을 지낼 수 있는 난방비용(연탄 또는 나무 60~70만 원)과 맞먹는다. 그런데도 지방 도시의 부유층들은 주방에 가스통을 설치하고 취사용으로 가스레인지를 사용하고 있다.

우리가 즐겨 쓰는 가스레인지에는 주방에 설치된 가스레인지와 부탄가스를 넣고 사용하는 휴대용 가스레인지가 있다. 북한 가정들에 가장 적합한 것은 휴대용 가스레인지라고 할 수 있다. 향후 대북 제재가 완화되고 남·북·러 가스관 연결프로젝트가 이행되어 북한 주민들이 가스를 사용할 수 있는 여건이 조성된다면 주방 가스레인지 수요가 매우 클 것이다. 인건비가 저렴한 가스레인지를 북한에서 생산하여 공급하거나 수출할 수 있는 사업을 구상해 보면 어떨까?

엄마들의 로망

가정용 제면기

제면기는 밀가루 또는 메밀가루 반죽을 얇게 펴서 기계에 넣어 면을 뽑는 기계다. 북한 주민들은 제면기를 '국수분틀'이라고 한다. 녹말가루를 반죽하여 국수분틀에 넣고 누르면 농마국수가 나오는데 즉시 끓은 가마로 '입수'해야 한다. 한국의 제면기와는 다르다.

한국과 달리 북한 사회에 아직 외식문화가 일반적이지는 않다. 평양을 비롯, 일부 대도시의 부유층을 제외한 대부분 가정에서는 집에서 음식을 만들어 먹는다. 주식은 흰쌀밥보다 한국에서 '웰빙식'이라고 하는 잡곡을 많이 먹는다. 1년 365일 쌀을 사 먹을 수 있는 여건이 안되기 때문이다. 시골 사람들을 비롯해 평범한 사람들은 하루 두 끼 정도는 칼국수, 수제비, 국수를 먹는다.

주민들에 대한 식량 배급이 정상화되던 시절에도 한 끼 정도는 국수를 먹었다. 밀가루 국수나 메밀국수가 아닌 옥수수 국수다. 국가공급이 중단되고 경제난이 발생한 후 면을 주로 먹었던 것 같다. 한 번은 회사에서 말머리가 그려진 포대에 담긴 사료를 배급으로 제공하였는데, 뜨거운 물로 반죽하여 칼국수처럼 만들어 먹은 적이 있다.

칼국수나 수제비는 채소를 많이 넣으면 본 재료를 적게 넣고도 온 가족이 배부르게 먹을 수 있다. 그래서 북한 사람들이 즐겨 먹는다. 경제난 이후부터 북한 어머니들은 시장에서 매일 장사를 하면서 1년 365일 가족의 끼니를 책임지고 있다. 북한 여성들을 위해 제면기에 반죽기까지 공급해줄 수 있다면 얼마나 좋을까?

프라이팬

북한은 프라이팬을 '지짐 판'이라고 한다. 지짐은 옛날부터 우리 선조들이 즐겨 먹었던 민족 음식 중의 하나다. 한민족인 북한 사람들도 지짐을 즐겨 먹는다. 어릴 적 우리 동네 사람들은 돼지비계를 가마솥에 돌리고 고소하고 바삭한 지짐을 만들어 먹었다. 여름이면 집 마당에 '숯 풍로'나 석유풍로를 켜놓고 지짐을 지졌는데, 그 고소한 냄새 때문에 앞집과 뒷집의 사람들이 모여들어 함께 나누었다.

지짐 판이 없어 무쇠 가마를 사용했지만, 가마에 돼지기름이 잘 배어서인지 눌어붙지 않고 구워내는 모습은 신기하기도 했다. 북한 주민들이 주로 만드는 지짐은 수수지짐, 감자 지짐, 녹두부침개, 콩 지짐 등 다양하다. 북한은 한국보다 감자생산량이 많아서 함경남북도, 양강도, 자강도 등 북쪽 지역 사람들은 감자 지짐을 많이 먹고, 강원도나 평안남북도 사람들은 수수지짐이를 주로 먹는다.

지짐 판은 삼복더위에 먼 길 떠나는 자녀들을 위해서도 매우 요긴하게 사용된다. 대학생 자녀를 둔 어머니들은 여름방학이 끝나고 대학으로 떠나는 자녀들을 위해 찰떡이나 절편을 만든 다음 기름에 구워서 '도중 식사'를 싸주곤 한다. 하루 이틀 걸리는 기차 여행에 자녀들에게 굶지 말라고 밥보다 오랜 시간 보관이 가능한 튀김이나 지짐을 만들곤 했다. 이처럼 북한 가정은 한국의 가정보다 프라이팬 사용률이 더 높다.

그럼에도 북한의 시장에 밥을 짓거나 반찬을 만들 수 있는 무쇠 가마나 알루미늄 가마는 많이 판매되지만 지짐 판은 보기 어렵다. 그 이유는 갈탄이나 나무를 이용하는 부뚜막의 경우 연기가 나지 않도록 가마를 고정하기 때문에 가스레인지나 석유풍로와 달리 지짐 판을 올려 지짐을 하기가 쉽지 않기 때문이다.

이런 유형으로 설계된 부뚜막에서 지짐 판을 사용하려면 휴대용 가스레인지나 석유풍로와 같은 기구가 필요하다. 그러나 연탄 사용으로 설계된 부뚜막은 설치된 가마를 움직일 수는 있지만, 가스가 새어 나오지 않도록 해야 하고, 지짐 판 규격이 가마와 같아야 쓸 수 있다. 이런 사정으로 북한 사람들은 가마로 밥도 하고 반찬도 하고 지짐도 지질 수 있는 주방 도구로 인식하고 있다.

최근 신설되는 대도시의 주택들은 가스를 사용할 수 있도록 부엌이 설계되어 있어 가스레인지에 프라이팬을 놓고 지짐을 만들어 먹을 수 있다. 이 때문에 프라이팬 사용이 더욱 증가할 수 있다.

감자칼

북한에 감자 칼이 있을까? 최근에 입국한 탈북민들에게 가끔 물어보지만, 아직도 햇감자는 숟가락으로, 묵은 감자는 식칼로 껍질을 벗긴다고 한다. 많은 탈북 여성들은 감자뿐 아니라 껍질 제거에 아주 편리한 감자 칼을 고향 사람들에게 보내주고 싶어 한다. 어떤 탈북민은 중국에 친척방문으로 입국한 북한의 언니에게 감자칼 여러 개를 선물했다. 사실 기계공장에서 일하는 형부에게 줘서 공장에서 생산 가능한 방법을 찾아보라고 했으나, 생산 여건 부족으로 시도조차 하지 못했다고 한다. 그로부터 3년 후 다시 중국을 방문한 평양 언니는 탈북민 동생에게 감자 칼을 사달라고 부탁했다.

"○○야, 참 신기하더라. 얼마나 잘 깎이는지 옆집 ○○어머니 우리 집에 왔다가 너무 달라고 떼써서 주고 말았어. 아파트 사람들 이번에 중국 가면 꼭 사달라고 부탁했으니 네가 좀 도와줘"

먹거리가 다양한 한국의 가정에서는 감자 반찬이나 감자전을 하더라도 그 양이 별로 많지 않다. 한 끼에 감자 1～2알이면 충분하다. 감자전도 감자 몇 알 정도면 3～4인 가족이 먹는데 부족하지 않다. 그러나 북한은 감자 반찬, 감자밥, 감자전 등 감자 음식을 거의 매일 먹는다. 그러니 하루 감자 소비량은 한국의 가정에 비해 훨씬 많다. 특히, 감자가 주식인 양강도에서는 농장에서 생산한 감자 1t을 공급받을 때도 있다. 쌀이 부족하여 감자를 먹고 살아야만 하지만, 하루도 빠짐없이 매일 2㎏ 이상의 감자를 깎는 수고를 감내해야 한다.

북한은 6월 하지가 되면 텃밭에 심었던 감자를 장마가 되기 전에 수확한다. 창고에 보관된 감자는 겨울이 오면서 무와 함께 땅속의 움에 보관되고 먹을 때마다 감자 깎기는 딸들 몫으로 돌아왔다. 작은 손에 큰 식칼을 들고 한 알씩 깎고 나면 손에 쥐가 날 정도다. 북한 여자들은 이렇게 어릴 때부터 부모님의 일손을 많이 돕는다.

고사리손은 껍질과 함께 속살도 함께 베어낼 때가 있다. 가끔 어머니한테 제대로 하지 못한다고 꾸지람을 듣기도 한다. 그보다 식량이 늘 부족한 북한에서 껍질과 함께 버려지는 감자가 더 아깝다. 대학을 졸업하고 3년 동안 강원도에서 '3대혁명소조원'으로 일하는 동안 평양에 출장 갈 기회가 생겨 이모 집에 감자 배낭을 메고 간 적이 있다.

엄마들의 로망

그때만 해도 평양시민들에 대한 부식물 공급은 비교적 정상적이어서 지방 사람들의 생활 수준보다 좋았다. 거기에 이모부는 유원지 음식점에 다니고 있어 부식물도 부족함이 없었다. 그럼에도 감자 속살이 깎일세라 조심스레 칼을 돌리는 이모 모습은 깊은 인상을 남겼다. 지금도 우리 아이들이 좋아하는 감자 반찬을 만들 때면 어린 시절의 나의 모습과 이모의 모습이 생각나곤 한다. 감자칼 하나를 놓고 보면 그리 큰 것은 아니지만, 우리의 식생활에서는 없어서는 안 될 필수품임은 틀림없다.

밥상과 식기 세트

밥상이 없은들 지어놓은 밥을 먹지 못할까? 경제난을 거치면서 북한 사람들은 죽이라도 하루 세끼 먹을 수만 있다면 만사가 좋았다. 이쁜 밥그릇에 밥을 담아 가족이 밥상에 둘러앉아 오손도손 이야기할 수 있는 식사는 사치라고 여겼다. 그만큼 먹는 문제가 매우 간절했기 때문이다.

1990년대 중반 전 지역을 강타한 경제난은 집 재산을 하나둘 들어내도록 했다. 마지막으로 집까지 처분하면서 거처할 집이 사라지고 가족이 해체되기까지 한다. 1997년에 한국에 입국한 탈북민 장모 씨는 국회의원회관에서 열린 '새누리당 통일경제 교실'에서 "북한 주민들은 자신의 전 재산을 팔아 생계를 유지할 수밖에 없었다. 팔 것이 없는 주민들은 밥그릇까지도 팔아 한 끼를 해결한다"라고 증언한 바 있다.

10년이면 강산이 변한다고 했던가. 벌써 강산은 두 번이나 변하고 21세기에 들어섰다. 그동안 북한 주민들은 장마당을 통해 악착스럽게 돈을 벌었고 그 속에서 '신흥 부자'도 '중산층'도 생겨났다. 물론, 매우 어려운 생활을 하는 사람들도 적지 않다. 그러나 단언하고 싶은 것은 1990년대의 북한 주민들의 생활과는 크게 다르다는 것이다. 2017년 유니세프의 후원을 받아 진행한 북한의 가계조사 결과에 따르면 TV 보급률 98.2 %, 전기밥솥 보유율 62.6 %, 냉장고 보유율 30.3 %, 세탁기 보유율 15.5 %, 오토바이 보유율 5.2 %로 나타났다. 이러한 조사 주체가 북한 당국이기 때문에 실제보다 과장되었을 가능성이 있지만, 계획경제 하 국가공급이 이뤄지던 1980년대보다 높은 생활 수준임을 알 수 있다.

북한 장마당에 가구공장과 개인이 수공으로 만든 밥상이나 그릇이 일부 나오기는 하지만, 종류가 많지 않고 품질도 그리 좋지 못하다. 북한은 각 지역에 가구공장을 하나씩 두고 있는데 주로 장롱, 장식장, 식장, 신발장, 밥상 등을 생산한다. 최근에는 기업 스스로 제품을 개발할 수 있는 권한을 부여받아 톱밥으로 합판을 만들어 밥상을 생산하여 시장에 공급하기도 한다.

식기도 각 지역의 도자기공장이나 법랑 그릇 공장 등에서 생산이 된다. 품질이 나빠 조금만 부딪치면 금이 가거나 깨진다. 그래서 북한 주민들은 사기그릇보다 알루미늄이나 스테인리스 그릇을 선호한다. 금속공업 기업의 생필 직장에서 스테인리스 그릇을 일부 생산하지만 자재 부족으로 수요를 보장하지는 못한다. 북한 시장에 중국에서 유입

　　　　　　　　　　　　　엄마들의 로망

되는 상품이 거의 60 % 이상을 차지하지만, 사기그릇은 유통상의 문제 때문에 많지 않다.

찜솥

해마다 9월이면 북한에서는 햇옥수수가 나기 시작한다. 비록 찰옥수수는 아니지만, 달고 맛있다. 집 마당에서 석유풍로를 피우고 큰 무쇠 가마에 6월 하지에 수확한 감자를 깔고 그 위에 옥수수를 놓고 찌면 달콤한 옥수수와 감자 냄새가 온 동네에 퍼진다. 이 집에서도 저 집에서도 찌는 방식은 같다. 잘 읽은 옥수수와 감자를 큰 대야에 담아 동네 사람들과 함께 먹던 기억이 생생하다. 북한의 북부 고원지대인 함경도, 양강도, 자강도 지역은 날씨가 추워 고구마 재배가 안된다. 평안남북도와 황해남북도 사람들은 감자보다 고구마를 많이 쪄서 먹지만, 이들 북쪽 사람들은 감자에 익숙하다.

생일날이나 명절이면 가마에 나무 시루를 놓고 떡 보자기를 올린 다음 찹쌀을 쪄서 찰떡과 송편을 만들기도 한다. 가구 대부분은 평일 좋아하는 만두나 증기 빵(찐빵)을 만들어 먹기도 하지만, 감자가 많이 나는 양강도에서는 언 감자떡을 만들어 먹는다. 이 밖에도 가지찜, 오징어 순대찜 등 찜 요리가 많아 북한의 모든 가정에는 찜을 할 수 있는 도구가 갖추어져 있다.

북한의 가정용품 공장에서는 찜솥을 별도 생산하지 않기 때문에 가정에는 나무로 만든 시루가 있다. 우리 어머니는 엄지손가락만 한

굵기의 아카시아를 잘라 껍질을 벗기고 가마 크기에 맞게 시루를 만드셨다. 그 시루를 통해 맛있는 음식을 만들어 먹으면서 우리 자녀들은 어머니의 사랑을 듬뿍 느꼈다.

한국 사람들은 집에서 찰떡이나 송편, 찐빵 같은 것을 잘 만들지 않는다. 그러니 사실 찜솥은 북한의 가정만큼 이용률이 높지는 않다. 서울의 우리 집에도 두 개의 찜 솥이 있는데 1년에 3~4번 정도 이용하는 데 그치니 사실 없어도 그만이다. 그런데도 언제부턴가 가정용품에 대한 관심이 높아지면서 자꾸 사들이기 시작했는데, 아마 모든 게 부족한 북한에서 써보지 못한 서운함이 '충동구매'로 이어졌는지도 모르겠다. 아니면 북한에 있을 때 맛있게 쪄먹던 고구마, 옥수수, 증기빵과 더불어 그리워지는 고향 생각 때문일 수도 있겠다.

이처럼 찜솥은 모든 가정의 필수 주방용품이면서도 옥수수, 증기빵, 찐 감자 장사를 하는 사람들에게 없어서는 안 될 품목이다. 찜솥으로 사용하지 않을 때는 찜통을 내려놓고 냄비로 다양하게 사용할 수 있어 일거양득이다.

주방세제

북한을 떠나던 해에 처음으로 주방세제를 이용해 봤다. 살던 고장을 떠나 북부지역 친척 집에 잠시 머물렀는데, 그 집에서는 설거질할 때마다 처음 보는 액체를 사용하고 있었다. 신기해서 물어보았더니 그릇 닦는 비누란다. 아무리 기름이 많이 묻어있는 그릇이라도 잘 닦이기 때문에 중국인들이 종종 가져다 팔고 있다고 했다. 세상에 세탁하고 세수하고 머리 감는 비누만 있는 줄 알았는데 그릇도 비누로 닦아 낸다니 신기하기만 했다.

사실 북한의 가정들은 기름진 음식을 먹는 날이 많지 않다. 1인당 식용유 공급량이 월 250 g, 4인 가족이면 한 달에 1 kg이나 실제 공급량은 이에 훨씬 미치지 못했다. 고기는 1년에 4~5번 정도 명절에만 공급했다. 그것 역시 4인 가족은 1 kg, 그러니 설거지도 뜨거운 물로 잘 씻어내면 그만이다. 그러나 요즘 들어 돼지고기 먹는 가정들이 늘어나고 식용유 소비량도 늘어 기름 제거용 세제가 필요한 형편이 되었다.

특히, 식당을 비롯해 음식을 대량으로 만들어내는 업소들에서는 주방세제 수요가 높다. 북한에 있을 때 단체로 농촌 동원을 가서 식당을 운영하거나 6개월짜리 '교도대' 훈련기간 동안 수십 명의 식사를 보장할 때 가장 힘들었던 것이 그릇에 묻은 기름기를 없애는 일이었다. 뜨거운 물로 기름기가 제거되지 않으면, 빨랫비누나 진흙을 수세미에 묻혀 닦아 내기도 했다. 그 시절에는 세상의 모든 사람이 다 나처럼 먹고 입고 쓰고 산다고 생각하였기에 대수롭지 않게 여겼으나, 한국 생활에 익숙한 지금 북한에서 생활하라고 하면 절대 못 할 것 같다.

그러던 북한이 요즘 들어 다양한 세제를 생산하고 있다니 해가 서쪽에서 뜰 일이다. 샴푸와 린스, 옷 물비누(액체 세제), 빨래 세척 비누(가루세제) 생산에 이어 주방세제도 생산하고 있다. 그러나 이는 평양화장품공장, 신의주화장품공장, 룡악산비누공장 등에서만 생산되고 있어 지방 사람들의 수요를 보장하기에는 역부족이다.

도시락통

요즘 들어 딸애가 체중조절을 해야 한다며 다이어트 식단으로 된 점심 도시락을 준비해달라고 성화다. 북한에서는 매일 아침 집식구들의 도시락을 준비했었는데 이젠 왜 그런지 도시락 싸기가 서툴다.

북한에서는 도시락을 '벤또' 또는 '곽밥'이라고 한다. 북한은 '고유한 조선말 쓰기'를 장려하며 벤또를 '곽밥'이라고 문화어로 다듬었지만, 아직은 많은 사람이 도시락을 '벤또'라고 하고 있다. 대신 여객열차와 역전에서 판매하는 얇은 합판으로 제작된 곽밥을 '도시락'이라고 한다. 일반적으로 북한 주민들은 점심을 도시락으로 해결한다. 농촌에서 일하는 농민들은 점심시간이 되면 집에 들어가 식사를 하지만 대학생들이나 직장인들 등 도시 사람들인 경우, 집이 멀다 보니 대체로 도시락을 준비해 출근한다.

북한의 어머니들도 자식의 도시락을 잘 싸주려고 애를 쓴다. 맛있는 반찬을 마련하기도 어렵지만 이에 못지않게 신경 쓰이는 것이 도시락통이다. 북한의 도시락은 집에서 끼니때 먹는 정도의 양과 가짓수를 그대로 담아간다. 도시락 반찬에는 김치가 많이 포함된다. 통에 담은 김칫국물 새기가 일쑤고 새어 나온 김칫국물은 냄새로 인해 주위 사람들의 불만을 자아낸다. 기름진 반찬 등을 도시락에 담으면 반찬 물이 나올까 엄청 신경 써야 한다.

한국에서 양은 도시락통은 이젠 '추억의 도시락통'으로 TV 예능프로그램의 소재이다. 북한도 1980년대 중반까지만 해도 대부분 양은 도시락통을 사용했다. 이후 플라스틱 도시락통이 사용되기 시작했지만, 1990년대 경제난 시기 직장이나 교실 내의 석탄·장작·가스난로에서 도시락을 얹어 데워먹는 바람에 평양에서도 양은 도시락은 한동안 사라지지 않았다.

요즘 북한에서는 보온도시락을 비롯하여 질 좋고 예쁜 도시락에 대한 수요가 증가하고 있다. 중앙기관, 도·시, 군 일군들이 금요노동일에 작업장으로 향할 때는 고급스러운 3단 도시락을 들고 나가는 것이 유행하고 있다. 북한산 도시락통이나 중국산 도시락통 등은 상점들과 시장을 통해 유통된다. 이러한 제품들은 보온도시락이라도 성능이 열악해서 겨울에는 밥이 미지근해지고 밀폐력이 부족하며 오염에 약하고 세척이 불편한 단점이 있다. 이러한 이유로 평양에서는 외화상점에서 구입한 일본산 도시락통이 인기를 누린다.

남북경협이 활발히 추진되어 한국산 도시락통들이 북한 시장에 진출하는 날엔 아마도 완벽밀폐, 디자인, 신선 보관, 실용성, 편리성 등에 있어 으뜸인 우리 도시락통들이 북한의 많은 가정의 추방그릇장을 예쁘게 장식하지 않을까 싶다.

6부

건강하고 즐거운 게 최고

백세시대 팔십까지는 살아야지요

CHAPTER 9

의료기기 및 의약품

북한의 의료복지체계는 전민 무상치료제다. 북한의 무상치료제는 개인들의 의료보험에 기초하여 운영되는 한국의 의료제도와 달리 국가가 모든 재원을 보장하는 제도이다. 의료보장의 범위도 제한이 없다. 모든 병의 진단치료비는 물론 입원비, 약값이 다 무료이다.

무제한 의료비용을 어떻게 국가가 충당할 수 있을까? 북한은 의료부문에 종사하는 인력의 급여는 높지 않다. 월급 수준을 국가가 통일적으로 정하기 때문에 동일 직종에 있는 전문직의 노임 수준은 같다. 그러므로 인건비가 싸다. 공식적으로는 의료서비스의 한계를 규정하지 않고 있지만, 현실에서는 많은 제한이 있다. 환자들은 치료 서비스의 선택권리가 없다. 병원에서 해주는 것만큼 받을 수밖에 없다. 국가가 제공하는 의료서비스는 완전한 평등은 아니다.

간부들을 위한 특별 병원, 특별 병동이 있고 여기에서 제공되는 의료서비스는 상대적으로 일반 병동보다 높다. 지역에 따른 차이도 있다. 평양에는 병원들이 집중되어 있고 의사들의 수준이나 설비 수준도 높다. 그러나 일반 주민들에게 제공되는 의료서비스 수준은 높지 않다. 그러므로 북한의 무상치료제는 낮은 수준의 의료서비스를 모든 주민에게 보장하는 제도다.

고난의 행군 시기로 알려진 1990년대 이후 북한의 의료체계는 변하고 있다. 국가는 재정 부족으로 병원에 필요한 의료기기와 의약품 공급을 거의 중단했다. 의사 간호사의 월급과 배급도 끊겼다. 그러다 보니 치료 부담이 모두 환자 본인에게 돌아갈 수밖에 없는 상황이 되었다.

시장이 도입되면서 개인 약 매대가 등장했고 환자들은 병원이 아니라 시장에서 필요한 약을 구매했다. 의료기기가 공급되지 않다 보니 병원은 낙후된 의료설비와 기구를 교체할 수 없었다. 가장 기초적인 소모품인 주사기, 붕대 같은 것도 보장하지 못했다. 전력이 부족하여 의료기기 소독도 고압 소독 대신 끓인 물 소독을 해야 했다. 초음파진단을 받는 것도 환자가 소모품을 시장에서 구매해 가지고 가야 했다.

북한 당국은 의사 간호사들에게 우선 식량 공급보장 등의 조치를 취했지만, 그것으로 생계를 유지하기는 역부족이었다. 유능한 의사들은 은퇴하고 집에서 치료를 시작했다. 환자들은 병원에서 치료하는 풋내기 의사보다 유능한 의사들이 치료하는 개인 집을 찾아갔다. 주민들은 웬만한 병은 스스로 진단하고 약을 사서 먹거나 자가 처치를 하는 방법으로 의료문제를 해결했다. 상황이 이러함에도 국가는 근본 문제인 보건 분야에 대한 재정보장 문제를 해결할 수 없었다.

2010년대 들어서면서 당국의 의지와 관계없이 북한의 시장화는 더욱 확산하고 이로 인해 부익부 빈익빈이 심화하고 있다. 시장도 대

건강하고 즐거운 게 최고

상인과 영세상인, 고급상품 소비자와 저급상품 소비자로 이분화되고 있다. 시장에서 약 매대가 사라지고 곳곳에 약국이 생겨났다. 약국은 의료 관련 기관 단체들이 국가의 승인을 받아서 세운 상점이다. 외형 상으로는 기관단체의 소유지만 내부적으로는 개인이 기관단체와 계약을 하고 경영한다.

개인들이 진단 설비를 갖추어놓고 병원에서 하지 못하는 초음파검사 씨티 촬영까지 해주는 영업을 하고 있다. 이로 말미암아 현재 북한 시장에서는 의료기기 수요가 빠르게 늘고 있다. 북한의 웬만한 가정은 체온계와 일회용 주사기를 모두 비치하고 있으며 혈압계를 보유한 가정도 적지 않다.

현재 의료기기의 주 공급지는 중국이다.
북한에서도 자체 의료기기를 생산 판매하고 있다.
북한 인터넷 사이트에는
북한이 자체 생산한 의료기기가 소개되고 있으나
종류가 매우 한정되어 있고 품질도 높지 못하다.

현재 의료기기는 외화벌이 회사들을
통해 수입되고 있는 형편이다.

혈압계

우리 집에는 혈압계가 있다. 오르몬 자동혈압계이다. 병원에 가거나 동사무소에 가도 혈압계가 있어 마음만 먹으면 혈압을 측정할 수 있다. 저혈압이었던 이유로 혈압계에 관심이 많았다. 어느 날, 인터넷 쇼핑몰을 검색하다가 혈압계를 보는 순간 사고 싶은 욕망이 일었다. 클릭했다. 갖고 싶었던 혈압계가 배달되었고 매일 사용할 것 같았던 혈압계는 이제는 자주 사용하지 않아 장식품이 되었다.

소비지출에 매우 인색한 나는 절대 충동구매는 하지 않는데, 왜 혈압계는 충동적으로 구매했을까? 생각해보니 북한에서의 추억 때문이다. 나의 시아버님은 고혈압이셨고 약을 지속적으로 복용하셨다. 그런데 어느 여름날 시골에 있는 시누이 집에서 지내시겠다면 길을 떠나셨는데 목에 생긴 상처 때문에 체류 기일을 채우지 못하고 집으로 돌아오셨다. 그때부터 병환으로 체중이 많이 줄었다. 고혈압 증상은 없어졌지만, 아버님은 그런 상황도 모르시고 계속 고혈압 약을 드셨다. 북한에서 혈압은 내원해야 체크가 가능하다. 병원에 가지 않으면 혈압이 어느 정도인지 알 길이 없다. 북한에서 혈압계는 꽤 귀한 측정기기다. 고난의 행군 이후 의료분야에 대한 예산이 끊겨 의사들은 혈압계가 부족하여 곤란을 겪었다. 그러니 집에 비치하고 사용한다는 것은 꿈에 선들 생각조차 해본 적이 없다.

북한에도 고혈압 환자가 많다. 한국에 입국한 탈북민들 속에 가장 많은 질환은 고혈압과 당뇨, B형 간염, 그리고 결핵이다. 비만자가 적은데도 고혈압 환자가 많은 것을 보면 고혈압이 비만과 연관된 것만은 아닌 것 같다. 그러나 북한은 예방치료가 잘되지 않아서 고혈압을 관리하지 못하는 주민이 대다수다.

최근 북한 시장에서도 혈압계가 거래되고 있다. 평성시장에서 거래되고 있는 중국산 가정용 혈압계는 개당 15달러(약 1만 7,000원)이다.

한국산은 그보다 10배 더 비싸지만 질이 좋아 선호도가 아주 높다고 한다. 싸고 질 좋은 혈압계가 많이 나와 북한 주민들의 가정 필수품으로 되었으면 좋겠다.

주사기

한국의 병원에서는 일회용 주사기 사용이 당연시되고 있다. 그러나 북한의 병원에서는 아직도 대부분 다회용 유리 주사기를 소독해서 사용하고 있다. 그러다 보니 주사기로 인한 감염이 매우 많다. 탈북자들 속에 B형 간염 환자가 많은 것은 주사기 소독과 관련이 있다. B형 간염을 막기 위해 주사기를 고압멸균 소독해야 한다. 그런데 고난의 행군 시기 병원에 전기를 충분히 보장하지 못해 주사기를 그저 끓인 물로 소독해서 쓰곤 했다. 그러다 보니 주사기를 통해 바이러스에 감염된 사람들이 많다.

북한에서 일회용 주사기를 사용하기 시작한 것은 국제사회의 지원이 시작되면서부터다. 처음에는 일회용 주사기를 한번 쓰고 버리는 것이 아까워서 소독해서 다시 써보려고까지 했다. 그런데 플라스틱이어서 끓는 물에 소독하는 것이 불가능했다.

북한 주민들은 한국과 달리 항생제 주사를 선호한다. 독감이 와도 염증이 생겨도 먹는 약보다 항생제 주사가 더 효과가 있다고 믿고 있다. 시장에서는 페니실린, 마이실린 같은 항생제가 잘 팔린다. 주민들은 항생제 주사를 맞으러 병원에 가는 것이 부담스러워 항생제 반응 검사만 병원에서 하고 주사는 집에서 자체로 맞는 경우가 많다. 집에 주사기를 마련해 놓고 끓는 물에 소독하여 쓰곤 한다. 그런데 지금은 일회용 주사기가 팔리고 있으니 돈은 좀 들어도 매우 편리하고 안전할 것이다. 지금 북한 시장에서는 일회용 주사기는 개당 0.01달러 북한 돈 80원에 팔리고 있는 것으로 알려진다. 그 가격이라면 가정에서도 일회용 주사기를 구매하여 쓸 수 있겠다.

체온계

한국에 온 탈북민들의 의료행태를 연구한 자료를 보면 자가 치료가 많다는 것이 중요한 특징이다. 의사를 통해 진찰받고 치료를 받는 것이 아니라 자가 진단하고 치료한다는 것이다. 친구의 조언을 받아 스스로 치료하는 경우도 많다. 그래서 탈북민들의 정착지원 시설인 하나원에 근무하는 의사들은 오해도 많이 한다. 치료받으러 온 환자가 진단을 받으려고 하는 것이 아니라 "내 병은 oo 이예요. oo약을 처방해주세요." 하니 의사를 무시한다고 생각하게 된다. 이는 북한의 의료시스템이 붕괴되면서 주민들이 스스로 병을 치료하면서 생겨난 문화이다. 그만큼 북한에서는 자가 치료가 많이 확산되어 있다.

북한 가정에는 체온기가 필수품이다. 특히, 어린이가 있는 집에는 체온기를 반드시 가지고 있어야 한다. 어린이들은 조금만 상태가 나빠

건강하고 즐거운 게 최고

저도 열이 난다.

북한에서도 자체로 체온기를 생산하고 있다. 북한에서 생산하는 체온기는 수은 체온기다. 유리관에 온도표시를 하고 수은을 이용하여 체온을 잰다. 한국에서는 수은온도계보다 전자식 체온계 적외선 체온계가 많이 이용되고 있다. 코로나 사태로 비접촉식 체온계도 많이 사용하고 있다.

수은체온계는 환경 문제로 점차 사용이 줄어드는 추세다. 하지만, 수은체온계는 정확하고 값이 싸기 때문에 북한에서는 앞으로도 한동안 많이 이용될 것 같다. 한편, 전자식 체온계와 적외선 체온계는 사용이 매우 편리해 북한에서도 점차 이용자가 늘어나게 될 것이다. 중요한 것은 북한 주민들이 구매할 수 있도록 적정 가격의 체온기를 만들어 보급하는 문제이다.

CHAPTER 10

레저용품

한국에 와서 많이 받는 질문 중의 하나가 북한 주민들은 어떤 여가생활을 하는가다. 사실 북한에서 여가생활 문화는 별로 발전해 있지 않다. 끼니를 걱정해야 하는 주민들에게 여가생활은 사치일 뿐이다. 한국에서는 코로나로 인해 등산하는 사람들이 작년보다 25 % 정도 늘었다고 한다. 그러나 북한 주민들은 등산을 좋아하지 않는다. 나는 한국에 입국해서 초기 산으로 가는 등산객들을 보면서 할 일 없이 왜 산으로 갈까 궁금했다. 북한은 산에 가는 것을 일로 생각하지, 여가로는 생각하지 않는다. 북한에서 싫어지도록 산에 다닌 탈북민들은 한국 거주 연한이 길어도 여전히 등산에는 부정적이다.

그러나 최근 여가생활이 빠르게 발전하고 있다. 평양에 각종 유희시설이 들어서면서 공원과 유원지, 빙상장, 승마장, 수영장 등을 찾는 사람들이 늘고 있다. 2015년에 탈북한 주민은 오히려 한국보다 북한의 해수욕장이 훨씬 좋다고 해서 나를 놀라게 했다. 장마당에서 장사를 해 돈을 적지 않게 번 탈북민은 시장 친구들과 함께 여름에 함경남도 함흥에 있는 마전해수욕장을 다녀왔다고 했다.

통행증을 어떻게 발급 받았는 지 물었더니 돈을 주면 통행증 발급 같은 것은 문제되지 않는다고 한다. 교통수단은 기차였는데 '야매표'(비싸게 주고 산 기차표)를 샀다고 했다. 해수욕장 호텔에 숙박하는 것도 특별한 제한이 없었다고 했다. 호텔 비용을 시간으로 계산한다는 것이 한국과 달랐을 뿐, 호텔 시설은 한국 못지않게 훌륭했고 해수욕장 주변에 장사하는 사람들이 대단히 많아 맛있는 음식을 실컷 먹었다고 자랑했다.

입국해서 한국의 동해와 서해의 해수욕장을 찾은 이 탈북민은 한국에 대한 환상이 많이 깨졌다고 했다. 한국의 해수욕장이 북한보다 훨씬 못했기 때문이란다. 믿어지지 않아서 인터넷을 통해 검색해 보았다. 그런데 정말 마전해수욕장은 훌륭했다. 바닷가를 따라 끝없이 뻗어간 하얀 모래밭이 해안가의 소나무밭과 어울려 해수욕장은 한 폭의 그림 같았다. 조금 떨어진 숲속에 자리잡은 호텔의 외형도 훌륭했다.

북한에서 토지는 국가 소유이고 국가가 건설을 계획적으로 진행하기 때문에 이와 같은 해수욕장을 만드는 것이 가능하다. 탈북민은 북한은 해수욕장과 수영장에 수영복 없이 출입하지 못한다고 하면서 해수욕장에 수영복이 없이 들어가는 한국 주민들이 오히려 북한 주민보다 더 문명하지 못하다고 나무라기까지 했다.

북한 주민들의 여가생활이 늘면서
레저용품에 대한 수요도 늘어나고 있다.
낚시도구, 인라인스케이트. 스케이트 등을 찾고 있다.

그러나 북한에서 레저생활은 한국처럼
누구나 다 누릴 수 있는 일상화 된 대상이 아니다.

한국에서 레저용품으로 쓰이는 물건들이
북한에서는 생활용품으로 쓰이는 것이 많다.

자전거는 한국의 대표적인 레저용품이지만
북한에서는 주로 운송 수단으로 이용된다.

북한에서 레저용품의 주 수입지는 중국이다. 북한 자체 생산품도 유통되지만 질이 좋지 못하다. 일본산 중고가 인기가 있지만 많지 않아서 값이 비싸다. 향후 북한 경제가 발전함에 따라 레저용품에 대한 수요가 늘 것이다.

자전거

한국에는 넘쳐나는 것이 자전거다. 아파트 자전거 보관대에는 사용하지 않는 자전거들이 가득 차 있다. 그런 자전거를 볼 때마다 북한이 생각난다. '저 자전거를 대형 컨테이너로 날라다 북한 시장에서 중고로 팔면 불티나게 나갈 텐데….'

북한은 자전거에 대한 수요가 매우 높은 곳이다. 사실 북한은 한국보다 지형으로 볼 때 자전거 타기가 더 불편한 곳이다. 한국보다 산이 더 많고 도로 사정도 좋지 않다. 그러나 한국보다 자전거 수요가 훨씬 높은 것은 운송 수단이 부족하기 때문이다. 한국은 자전거가 레저용이지만 북한은 출퇴근, 수송용으로 광범하게 쓰인다.

　북한에서 자전거 사용자는 번호를 받아야 한다. 자격증도 발급받아야 한다. 한때는 여성들이 자전거 타는 것을 금지하기도 했다. 평양에서는 2018년부터 한국과 같이 "따릉이"라는 공용자전거 운행을 시작했다. 2020년 김정은 위원장이 자동차도로도 부실한데 자전거 도로를 만들라고 지시한 것에 주민들이 불만을 터뜨린 것이 보도된 적도 있다. 자전거도로 신설에는 모두 찬성하지만, 문제는 도로 건설에 필요한 노력과 자금이 개인에게 부과되기 때문이다.

　북한 시장에서 팔리는 자전거는 북한산과 중국산, 일본산이 있다. 인기가 있는 북한산 자전거로는 갈매기 상표다. 갈매기 자전거는 정치범수용소로 알려진 청진 수성교화소에서 생산하는데, 매우 무거운 것이 특징이다. 반면 단단하고 많은 짐을 실어 나를 수 있는 장점이 있다. 그 외 '제비', '청년'이라는 상표의 자전거도 있지만, 품질이 낮아 인기가 없다. 2005년 북한은 중국 평진자동차회사와 합영하여 모란봉 자전거를 만들기 시작했다. 연간 판매량은 3만~4만대로 알려져 있다.

　북한에서 가장 인기 있는 자전거는 일본산이다. 1990년대부터 북한 운반선이 일본을 드나들면서 중고 자전거를 수입하여 시장에 넘겼다. 일본산 자전거는 가볍고 고장이 잘 나지 않아 사람들이 선호한다. 중고품조차도 중국 신품보다 더 비싼 것이 특징이다. 2002년 이후 북일 관계가 경색되면서 일본산 중고 자전거 수입은 중단되었다.

　현재 북한에는 중국산 자전거가 70 % 정도를 차지하고 있다. 자전거 가격은 정품으로 북한산 20달러, 중국산 30달러, 일본산 100달러 정도이다. 최근 평양에서는 자전거를 레저용으로 쓰는 주민들이 나타

　　　　　　　　건강하고 즐거운 게 최고

나고 있다고 하나, 대부분 운반용이거나 교통수단으로 쓰이고 있다. 아직 소득수준이 높지 못하므로 값이 비싼 정품 자전거보다 값이 싸면서도 질 좋은 중고 자전거가 더 인기가 있다.

레저용 자전거는 가벼우면서도 강해야 한다. 그러나 북한 주민들은 생계형 자전거를 더 요구한다. 가벼운 것도 좋지만 무게가 있어 무거운 짐을 실어 나를 수 있는 자전거, 도로가 나쁜 곳에서도 고장 나지 않는 든든한 자전거, 앞에는 바구니, 뒤에는 짐 받침대가 설치된 자전거가 인기가 높다. 최근 전기 자전거가 평양을 비롯한 대도시 청년들 사이에서 유행하고 있다. 전기 자전거의 가격은 중국 돈 3,000~4,000위안으로 만만치 않으나, 물건을 빨리 나를 수 있어 장사에도 유리하고 과시욕도 충족시킬 수 있어 청년들 속에서 인기가 많다.

오토바이

북한에서 오토바이 수요가 빠르게 늘고 있다. 2000년대 초만 해도 도 소재지조차 오토바이가 매우 드물었다. 어쩌다 안전원(경찰)이나 군대가 타고 다니는 것이 눈에 띄었을 뿐이다. 당시만 해도 오토바이는 소득에 비해볼 때 비용이 대단히 많이 드는 수단이었다.

내가 알고 있는 지인 중 한 사람이 소형 오토바이를 타고 다녔는데 비용이 얼마나 드는지 물었더니 길에 10전짜리 동전을 쭉 뿌리면서 가는 것이라고 보면 된다고 했다. 그런데 2010년에 들어서면서 오토바이가 급속히 증가하기 시작했다. 북한경제도 느리지만 발전하고 있다는 생각이 든다.

북한에서 오토바이는 상업용이다. 시장에서 필요한 짐을 나르는 운반수단으로 널리 이용되고 있다. 또한 택시 대용이기도 하다. 비싼 택시를 탈 수 없는 주민들이 상대적으로 값이 싼 오토바이를 이용하고 있다. 혜산, 신의주 등 큰 도시에는 도 소재지와 군, 리와 리 사이를 달리는 삼발이 오토바이가 있다. 오토바이의 틀을 떼고 서너 명이 앉을 수 있게 좌석을 만들고 풍을 씌어 사용한다. 그러다 보니 택시용 오토바이 좌석 틀을 만드는 업종도 생겼다.

북한에서 이용되는 오토바이는 대다수가 중국산이거나 합영회사에서 생산한 것이다. 북한 조선부강회사는 2005년부터, 금강오토바이는 2015년부터 중국과 합작하여 오토바이를 생산하고 있다.

북한산 오토바이는 얼마에 팔릴까? 100CC짜리 오토바이는 1,200~1,300달러, 125CC는 2,000달러 정도라고 한다. 중국보다 더 비싸다. 북한은 오토바이 소유와 운행에 대한 통제를 강화했으나 최근 들어서는 개인의 오토바이 소유와 운행을 자유화했다. 그렇지만 오토바이 등록은 여전히 힘들다. 보통 300~500달러 정도의 비용이 든다.

북·중 국경이 개방되면 오토바이 가격은 더 하락할 것이다. 향후 상당기간 동안 정품오토바이보다 값이 싼 중고오토바이에 대한 수요가 더 높을 것이다.

공구

최근 한국에서는 취미생활을 위한 장소로 공방이 뜨고 있다. 자신의 손으로 자기가 사용할 가구를 만드는 재미가 쏠쏠하다고 한다. 북한에서는 일할 줄 모르는 남자를 가리켜 '벽에 못 박을 줄도 모르는 샌님'이라고 한다. 남자라면 못을 박거나 대패질은 할 줄 알아야 한다는 것이다.

북한의 주택은 대부분 오래된 건물이어서 수시로 손을 대야 한다. 그러나 집을 수리하는 전문 서비스 기관이 없다. 그러므로 집수리를 주인이 스스로 해야 한다. 전기수리, 목공 일은 물론, 시멘트 미장 일도 할 줄 알아야 한다. 나의 아버지는 돌아가실 때까지 집안 수리를 위한 미장 일을 하지 못했다. 시멘트 혼합물이 붙지 않고 계속 떨어지기만 했다. 그래서 군 출신인 여동생이 아버지를 대신해 미장 일을 한 적도 있었다.

각종 수리를 하자면 공구가 필요하다. 그런데 북한에는 신통한 공구가 별로 많지 않다. 북한 남자들에게는 공구에 대한 로망이 있다. 나의 시아버님은 은퇴한 후 취미로 목수 일을 하셨다. 처음 텔레비전 받침대를 만드셨는데 나의 시각에서 디자인은 별로였지만 꼼꼼하게 잘 만드셨다. 두 번째로 만든 서랍장은 디자인도 좋았다. 시아버님은 다양한 공구를 가지고 계셨는데 이를 끔찍이도 소중하게 여기셨다. 유전인지 손자인 나의 아들도 목공에 취미가 있다. 할아버지가 집에 오시면 대패질도 하고 못질도 했다. 대패를 잘못 다루면 날이 떨어지는

데 무기능공인 손자가 만지면 무조건 대패 날이 나가곤 했다. 그래서 손자가 온다고 하면 시아버님은 공구를 장에 넣고 문을 잠그곤 했다.

한국에 오니 북한에서 보기 힘든 멋진 공구가 넘친다. 물론, 나의 아들은 입국하여 공구를 세트로 사고 매우 기쁜 미소를 지었다. 우리 집뿐 아니라 별로 목공을 좋아하지 않는 친구도 한국에 와서 공구를 세트로 샀지만, 잘 사용하지 않아 나중에는 다른 친구에게 주었다고 한다.

북한 주민들은 한국 못지않게 집을 꾸미는 것을 좋아한다. 그러므로 여전히 공구에 대한 수요가 높다. 다만 값이 문제다.

낚시도구

북한에도 낚시를 좋아하는 사람들이 많다. 평양 대동강 변은 낚시하기 좋은 곳이다. 대동강 산책로를 따라 걷노라면 낚싯대를 드리우고 앉아 있는 사람들이 눈에 띈다. 시골에서는 아이들이 냇가에서 반두질하는 모습을 볼 수 있다. 그런가 하면 폭약으로 고기를 잡는 위험한 행위를 하는 이도 종종 있다.

우리 집은 도시에 있다 보니 가까이에 낚시할 장소가 없었다. 그럼에도 아이들은 낚시를 무척 하고 싶어했다. 어느 날 직장에서 퇴근해서 오니 작은 아들이 형이 낚시하러 갔었다고 엄마에게 이른다. 낚싯대는 어디에서 났는지 물으니 직접 만들었다고 했다. 직접 만든 낚시도구는 소박했다. 손바늘을 불로 달구어 구부려서 낚시코를 만들었고 낚시 줄은 재봉실로 대신했다. 미끼는 지렁이를 직접 잡아서 매달았다고 했다. 어디에서 낚시했냐고 물으니 청년공원에 있는 호수에서 했단다. 물론, 한 마리도 못 잡았다. '거기 관리원 아저씨가 알면 혼나니 다시 가지 말아라' 하고 주의를 주었지만 별로 명심하는 것 같지 않았다. 아닐세라 며칠 후 또 다시 낚시하러 갔다. 이번엔 동생까지 따라나섰다. 고기 담을 통까지 들고 갔다. 그 허접한 낚싯대에 어떤 눈먼 고기가 낚이겠냐고 웃음이 절로 나왔다. 역시 허탕을 치는 것으로 끝났다. 이렇게 몇 번 들락거리더니 고기가 안 잡혀서 시들해졌는지 낚시를 그만두었다.

고난의 행군이 시작되자 사람들은 너도나도 돈을 벌기 위해 나섰다. 여성들은 시장에서 장사하면 되지만, 남자들은 돈 되는 일을 찾아야 했다. 바다를 끼고 있는 지역에서 남자들이 할 수 있는 일은 오징어잡이 철에 낙지 배를 타는 것이었다. 내 동생도, 시누이 남편들도 낙지철이 오면 직장에서 휴가를 내고 낙지 배(오징어철에 오징어만 잡는 어선)를 탔다. 낙지 배를 타려면 낚시도구가 있어야 한다. 오징어 낚시는 값이 비쌌다. 비싼 낚시대를 마련해 배에 오르지만 낙지도 못 잡고 낚시 바늘만 바다에 떨어뜨리고 오는 날도 있었다. 그런 날은 정말 죽을 맛이었을 것이다.

한국에 와서 인터넷 쇼핑몰에서 오징어 낚시 바늘을 찾아보았다. 싼 것은 1개에 5천 원, 적어도 20개는 있어야 하니까 10만 원, 북한에서 100달러라면 적은 돈이 아니다. 쇼핑몰에는 갖가지 낚시도구가 많았다. 북한에서 낚시도구를 직접 만들었던 아들은 낚시도구를 가지고 이따금 낚시하러 가곤 한다. 잡은 고기를 가져온 적은 한 번도 없지만 그래도 고기 낚은 기념으로 큰 고기를 안고 찍은 사진을 보내오기도 한다. 고기는? 도로 놓아주었단다.

북한의 강과 바다에도 고기가 많다. 낚시질 하고 싶은 사람도 많다. 지금은 시장이 발전하여 낚시도구도 판다고 한다. 앞으로 경제가 발전하면 할수록 낚시도구에 대한 수요도 늘어날 것이다.

인라인 스케이트

북한에서는 인라인스케이트를 '로라스케이트'라고 한다. 2012년 처음으로 평양에 로라스케이트장이 개장됐다. 평양 대동강변 인민야외빙상장 옆에 자리 잡은 로라스케이트장은 부지면적이 1만 3,300여 ㎡이다. 기본트랙 면적은 2,250 m² 로 하루 2,000명이 이용 가능하다. 인라인 하키장과 각종 난이도의 기술을 시도할 수 있는 기교장과 장비 대여소, 탈의실, 매점 등을 갖추고 있다.

청소년들 속에서 인라인스케이트가 인기를 끌게 된 것은 김정은 위원장이 직접 나서 이를 장려하면서다. 이후 전국의 주요 도시에 로라스케이트장이 연이어 개장됐다. 평양 로라스케이트장 이용료는 북한 돈으로 시간당 1,000원에서부터 2,000원까지다. 장비가 없는 경우 로라스케이트장에서 대여해주는 데, 1회 대여료는 북한 돈으로 1,000원~2000원 최고 3,000원에 달한다. 북한 청소년들이 타는 로라스케

건강하고 즐거운 게 최고

이트는 롤러스케이트가 아니라 인라인스케이트다. 북한은 아직 인라인스케이트를 생산하지 못하고 있다. 현재 유통되는 인라인스케이트는 대다수 중국산으로 20~30달러에 수입해 35달러 정도에 팔리고 있다. 35달러는 북한 돈으로 28만 원이 넘는다.

북한에서 쌀 1 kg의 값이 5천 원인 것을 감안하면 일반 주민들에게는 부담이 큰 가격이다. 생활 수준이 괜찮은 집 청소년들은 재미있다고 하겠지만 살림이 어려운 집 아이들은 부러운 눈으로 바라만 본다. 아이들에게 인라인스케이트를 사주지 못하는 부모들의 마음은 어떠할까? 그동안 장사로 많은 돈을 번 사람들도 적지 않다. 이들은 중국산 인라인스케이트는 값은 싸지만 고장이 잦기 때문에 값이 비싸지만 질이 좋은 한국산을 선호한다.

스케이트

북한은 1964년 인스부르크 동계올림픽 대회에서 처음으로 참가해 여자 스피드스케이팅 3000 m에서 한필화가 2위에 올랐다. 사상 첫 동계 메달이다. 이를 계기로 북한에서는 스케이트 바람이 불었다. 학교에 스케이트장을 만들라는 지시가 내려왔고 내가 다니던 중학교에도 공지에 물을 넣어 스케이트장을 만들었다. 스케이트장에는 학생들로 붐볐다. 나도 부모님께 스케이트를 사달라고 했다.

나와 내 동생에게 별말 없이 스케이트를 사주셨던 것을 보면 당시 가격은 그렇게 비싸지 않았다. 그때 타던 스케이트는 100 % 국산품이었다. 스케이트 신발은 돼지가죽으로 만들었고 스케이트 날을 붙였다. 스케이트 날은 긴 스피드 용이었다. 그러나 스케이트 붐은 점차 잦아들었고 스케이트장도 스케이트도 찾아보기 힘들어졌다.

1981년 평양에 빙상관이 세워졌다. 빙상관에서는 해마다 김정일 위원장의 생일인 2.16일을 맞아 피겨 시범경기가 열렸다. 피겨에 대한 사람들의 관심이 높아졌으나 대중체육으로 발전할 수는 없었다. 김정은 위원장이 등장한 직후인 2012년 평양에 인민야외빙상장이 건설되었다. 류경원 옆에 연 면적 6천여m²의 인민야외빙상장을 건설했다. 야외가 아닌 실내빙상장이다. 한여름에도 스케이트를 탈 수 있는 시설로 오전 10시부터 오후 10시까지 문을 열었다. 빙상장 입장료는 스케이트를 소지한 사람은 북한 돈 1,800원, 스케이트 대여가 필요한 사람은 3,000원이다.

이후 김정은 위원장은 평양과 같은 스케이트 장을 지방에도 만들도록 했다. 요즘 북한 주민들이 사용하는 스케이트는 스피드 스케이트 날이 아닌 피겨용으로 날이 짧은 스케이트인데, 모두 중국산이다. 아직 피겨스케이트를 생산하지 못해 중국에서 수입하고 있다. 2018년 평창동계올림픽에 참가한 북한대표단이 메달을 따지 못한 이유로 선수들의 장비가 열악해서라는 분석이 나왔다. 올림픽경기에서 북한 선수단은 국제올림픽위원회가 후원한 스케이트가 제때에 도착하지 않아서 한국산 스케이트로 경기에 참가했다.

스케이트 수요는 인라인스케이트보다는 적은 편이다. 평양을 제외한 지역에서는 겨울철에만 스케이트를 탈 수 있기 때문에 계절적 제한

건강하고 즐거운 게 최고

이 없는 인라인스케이트보다 못하다. 그러나 선수를 희망하는 청소년
들도 늘고 있고 겨울철 체육을 장려하고 있어 스케이트 수요는 지속적
으로 증가할 것으로 보인다.

7부

높아지는 소비 욕구

다있소가 있었으면 좋겠어요

CHAPTER 11

문구와 완구

"나는 나는 될 터이다 인민군대 될 터이다"
"옳다 옳다 네가 네가 인민군대 될 터이다"

북한 아이들이 즐겨 부르는 노래 가사다. '인민군대' 자리에 과학자, 예술가, 체육인 등 다양한 장래 희망으로 바꿔 넣어 부를 수 있다. 그러나 한국과 달리 '대통령'을 꿈꾸는 아이는 한 명도 없다. 아니 감히 상상조차 할 수 없다. 북한 아이들은 우리 말을 익히거나, 외국어 알파벳을 처음 접하기 전 먼저 "김일성 대원수님 고맙습니다." "경애하는 최고령도자 김정은 원수님 고맙습니다"와 같은 인사말을 먼저 배운다. 동시에 원수에 대한 적개심도 같이 배운다.

꼬마땅크(탱크) 나간다 우리 땅크 나간다
산을 넘고 강을 건너 달려나간다.
미국놈을 쳐부수며 만세 만세
...

위의 가사는 학년 전 유치원생들이 자연스럽게 접하는 노래다. 아이들이 갖고 노는 장난감도 주로 기관총, 탱크다. 여자아이들은 간호 가방을 메고 쓰러진 전사들을 치료하는 흉내를 내면서 논다. 아이들의 놀이는 늘 전쟁터를 가상한다. 적의 역할을 맡은 아이가 총을 쏘는 시늉을 하면, '우리 편(북한 아이들은 우리 편, 즉 북한은 무조건 좋은 편이라고 여긴다)'인 아이는 어김없이 가슴을 부여잡고 "김일성 장군 만세"를 외치며 죽는 시늉을 한다. '장군님을 위한 전사'가 반드시 행해야 하는 일종의 죽는 '의례' 같은 것이다.

문구, 완구 산업에서 캐릭터는 매우 중요하다. 애니메이션이나 동화와 같은 다양한 공간을 통해 아이들은 자연스러운 여러 가지 캐릭터들을 접한다. 북한도 마찬가지다. 그러나 북한에서 생산되는 의인화된 동물들이나 만들어진 캐릭터들은 최고지도자에 대한 충성이나 '적'에 대한 적개심을 연상케 한다. 아이들의 상상력을 넓혀주고, 다양한 꿈을 갖게 하기 위해서라도 한국의 문구와 완구들이 북한에 진출하는 것이 중요하다.

네덜란드의 역사가 요한 호이징가(Johan Huizinga)는 인간을 호모 루덴스(Homo Ludens, 놀이하는 인간)로 규정한 바 있다. 한반도의 북쪽에 사는 사람들은 대부분 이미 정해놓은 정답과 교육된 옳음만을 강요받는다. 놀이가 인간의 뇌를 자유롭게 할 터인데, 그 놀이마저도 특정 사상과 제도에 속박된다면 뇌는 서서히 경직될 것이다. 그래서 어린 시절 색종이가 부족해 동네 언니가 빨강고 파란 물감을 풀어 하얀 종이에 물들여주던 기억이 지금도 새록새록 난다. 자신의 손가락이 물감으로 얼룩질 것은 전혀 염려하지 않은 채 동네 언니는 그렇게 만든 색종이

높아지는 소비 욕구

들을 주변 아이들에게 나눠주었다. 동네 다른 오빠는 자신의 변변찮은 목수 재능을 뽐내며 피노키오와 자동차를 만들어주었다.

　유치원이나 소학교 수업을 마치고 돌아온 아이들에게, 공교육 현장에서 배운 대로 진흙으로 탱크를 빚고 있는 우리에게 동네의 언니 오빠는 알록달록한 색종이와 피노키오로, 그렇게 새로운 상상의 영역을 넓혀주었다. 아무리 북쪽이라지만 사람 사는 이치는 비슷했던지라 어딜 가나 진정한 호모 루덴스들이 존재했다. 물론, 가끔은 놀이에 과하게 경도된 언니 오빠들을 따라 우산을 펼쳐 들고(마치 낙하산병이나 된 듯) 창고 지붕 위에서 뛰어내리다 앞니를 부러뜨리기도 하고, '콩청대(밤청대처럼 콩이 줄기에 달린 채로 구워 먹는 방식)'를 즐기다 새까매진 얼굴로 귀가하여 엄마의 지청구(꾸지람)를 들을 때도 있었다. 그래도 어린 시절의 우리는 자연을 벗 삼고, 흙을 완구 삼아 놀았다.

　코로나19 사태가 전 세계를 휩쓰는 요즘 북한의 어린이들도 집에 머무는 시간이 길어졌다고 한다. 평양을 제외한 지방의 TV 채널은 오직 '조선중앙텔레비죤' 하나뿐이고, 그마저도 아이들을 위한 프로그램은 얼마되지 않는다. 게임기나 장난감이라도 있으면 좋으련만, 긴장한 전력 사정 때문에 마음 편히 사용할 수도 없다.

　　해마다 북한의 어린이들을 위해
　　국제기구들은 다양한 의약품과
　　식수, 식량 지원 사업을 진행하고 있다.
　　조금 더 생각의 지평을 넓혀
　　아이들을 위한 문구나 완구도 지원하면 어떨까?
　　아이들이 커서 무엇이 될지는

어른들이 어떤 세상을 그려주고,
어떤 꿈을 심어주는지에 달려 있다.

북한의 아이들이 지금보다는 조금 더 색깔이 있고,
조금 더 다양하게 놀 수 있는 그런 환경을 누렸으면 좋겠다.

학생용 문구(가방, 학용품 등)

　요즘 북한은 유튜브를 통해 새로운 선전방식을 선보였다. 유튜버도 이제 막 소학교(초등학교) 1학년에 입학한 앳된 소녀다. 영상에서 소녀는 개학에 앞서 국가에서 공급하는 선물을 받았다. 교복과 신발, 그리고 '소나무'라는 브랜드를 가진 책가방과 '해바라기' 학용품이다. 선물을 받아 든 주인공은 최고지도자에 대한 감사의 인사를 생략하지 않는다.

　'소나무'는 평양가방공장에서 생산하는 학생용 가방(대학교 포함) 브랜드다. 평양가방공장에서는 이외에도 여행, 등산 등 다양한 용도에 알맞은 제품들을 생산하고 있다. 예전에는 '생산'에만 집중했던 북한이 김정은 정권 들어 '다품종', '다양화'를 강조한다. 달라진 인민들의 눈높이에 맞게 상품의 질 제고에 관심을 돌리기 시작한 것이다.

　북한은 1990년대를 기점으로 그 이전과 이후가 근본적으로 바뀌었다. 1990년대 이전까지만 해도 북한 주민들은 국가에서 공급해주는 식량 및 생필품 공급에 익숙해 있었다. 그때에도 경제생활이 직급이나 직종, 업무에 따라 약간의 차이는 존재했으나, 정신적인 불편과 상대

　　　　　　　　높아지는 소비 욕구

적 박탈감을 심하게 느낄 정도는 아니었다. 1990년대 이후, 2000년대를 지나 2010년대를 마감한 지금 북한 주민의 경제력은 확연하게 달라졌다. 구체적으로 표현하면 불평등이 심해졌다고 할 수 있다. 수도와 지방의 차이, 도시와 농촌의 차이, 핵심계층과 그렇지 않은 계층과의 차이 등 그 기준 또한 다양해졌다. 수도 평양에서 명문 소학교를 다니는 주인공은 '소나무' 책가방이 신나는 물품일지 몰라도, 지방에서는 접하기 어렵거나 혹은 별로 좋아하지 않을 수도 있다.

아마도 평양가방공장에서 생산하는 '소나무'는 전국의 학생 수요를 충족하기에 불충분할 것이다. 그래서인지 평양가방공장이 준공된 2017년 전국적으로 가방공장들이 연이어 건설됐다. 나선(함경북도 나선시), 평성(평안남도 평성), 강계(자강도 강계시), 성천강(함경남도 함흥시), 혜산(양강도 혜산시), 해주(황해남도 해주시)가방공장 등이다.

북한 아이들은 개학 초기에 나라에서 공급하는 꼭 같은 디자인의 가방을 사서 졸업할 때까지 메고 다닌다. 가방이 망가지고 싫증 나면 금세 다른 걸 사 달라고 부모에게 조르는 한국의 아이들의 모습과는 사뭇 다르다. 2018년 북한을 방문했던 하쓰자와 아리(사진작가)가 자신의 사진 전시회에 소개한 사진 한 장이 이 같은 현실을 잘 말해주고 있다.

북한 시골 마을의 소년 소녀가 나란히 책가방을 메고 가는데, 소년의 책가방엔 월트 디즈니의 상징 미키 마우스가 떡 하니 그려져 있다. 이 사진은 연출되지 않은 자연스러운 컷이라는 데 의미가 있다. 물론, 대다수는 월트 디즈니도, 미키 마우스도 모른 채 단지 예쁘다는 이유로 좋아할 것이다.

북한 전국에 가방공장이 건설됐지만, 그렇다고 생산이 저절로 되는 것은 아니다. 최근 북한 노동신문은 생산현장의 목표를 '생산 정상화'로 제시하고 있다. 새로 지어진 공장이라도 예외는 아니다. 그만큼 물량이 부족하다는 얘기다. 다만, 최근에 지어진 공장이라는 점에서 품질은 예전보다 좋아졌을 것으로 짐작된다. 하지만 높아진 주민들의 눈높이를 만족시킬 수 있을 지는 의문이다.

북한이 한창 위기를 겪던 1990년대는 생산량만을 강조하다 보니 어린이들에 공급되는 학용품의 질이 매우 불량했다. 줄자는 가운데가 휘어져 직선이 맞지 않았고, 그마저도 재활용 원료를 사용해 색감은 거무튀튀했다. 집 형편이 어려운 집 애들은 남들이 쓰다 버린 '꽁다리 연필(몽당연필)'을 주어 쓰기도 했다.

유튜브에 소개된 '해바라기' 학용품은 색깔도 모양도 예쁘다. 부디 지방 학용품 공장에서도 그런 품질을 보장해주었으면 좋겠다. 최근 북한은 '재자원화법'을 제정할 만큼 재활용 부문에 공을 들이고 있어 다소 우려스럽다. 재자원화는 높은 기술과 조건이 요구되는데, 모든 것이 열악한 북한에서 법적으로 추진할 경우 예전의 '휘어진 거무튀튀한 줄자'처럼 안 하느니만 못하게 될까 걱정이다.

북한의 아이들에게도 자신의 취향에 맞는 가방을 고를 기회를 주고, 또 그 가방 안에 품질 좋고 다양한 학용품들로 가득 채워주고 싶다. 북한 시장에는 출처나 안전기준도 확인할 수 없는 학용품들이 대부분이다. 한국의 학용품들이 북한에 진출할 수 있다면, '대치동 학부모' 못지않은 북한의 학부모들도 매우 만족할 텐데 참으로 안타깝다.

높아지는 소비 욕구

사무용품

어렸을 적 학급에서 누군가 수입산 볼펜을 쓰면 모두의 부러움을 샀다. 북한에서는 불펜을 '원주필'이라고 부르는데, 수입산 원주필은 쓰기가 편리하다. 초등학교 때까지는 선생님들이 무조건 연필 혹은 샤프만 쓰게 하고, 원주필은 쓰지 못하게 했다. 왜냐하면 글씨체가 흐트러지기 때문이다. 어렸을 적 한글 익히기를 어느 정도 하고 나면 글씨를 곱게 쓰는 버릇을 들이게 하는데 원주필은 미끌거리는 촉감 때문에 바르게 쓰기 힘들다는 것이다.

중학생이 되고, 대학생이 되어서부터는 볼펜으로 쓰든 만년필로 쓰든 상관없다. 글씨를 예쁘게 쓰기 위해서는 만년필도 좋지만, 빨리 쓰기 위해서는 볼펜이 훨씬 편했다. 만년필은 잉크를 갖고 다녀야 하고, 조금만 부주의하면 잉크를 옷이나 노트에 묻히기가 일쑤다. 한국에서 흔히 접할 수 있는 고급 만년필이 아니다 보니 매번 잉크병을 따로 챙겨야 한다. 펌프처럼 잉크를 흡입할 수 있는 고무로 만든 장치를 이용해 만년필에 잉크를 채워 넣어야 한다. 북한은 여전히 컴퓨터보다는 손으로 하는 문서작업을 많이 한다. 대학 수업도 자유로운 필기보다는 선생님들이 문제의 핵심을 체계별로 불러 주고 다들 똑같은 핵심 내용들을 필기하기 때문에 평소 노트와 볼펜을 많이 사용한다. 볼펜과 노트 구입에 드는 비용도 만만치 않다.

어쩌다 남들이 보기 어려운 수입산 필기구를 쓰면 으쓱해지는 기분을 느낀다. 생일선물 가운데서도 수입산 필기구가 인기 높다. 한국에는 필기구와 사무용품들이 차고 넘친다. 회사에서 기본으로 제공되는 것도 많아 사실 따로 살 필요도 없다. 개인적 취향과 선호도에 따라 특별한 디자인과 색감의 사무용품들을 저마다 따로 쓰는 사람들도 많다. 그러나 대부분의 사무용품 가운데는 북한에는 없는 것들이 많다.

이제는 북한에도 스테이플러, 포스트 잇 같은 것들도 시장에 흔해졌다. 불과 10년 전까지만 해도 스테이플러 하나 흔하지 않았다. 간부들이나 상급자에게 사무용품을 뇌물로 주면 아주 좋아했다. 북한에서는 노트도 없어 연필로 쓴 학습장 위에 다시 만년필이나 볼펜으로 덧쓸 만큼 아껴 쓴다. 평소 학습 때도 필기는 필수다. 예를 들면 혁명교양, 사회주의애국주의교양, 계급교양 등등 각종 학습과 토론회, 매주 진행되는 생활총화 등에서는 반드시 토론내용이나 비판내용을 메모해야 한다. 워낙 종이가 귀한 나라에서 필기를 해야 할 양은 적어도 한국의 10배는 될 것이다. 하얀 종이가 아닌 누런 종이의 노트도 많다. 심지어 1990년대 중반부터 2000년대 중반까지는 학생들에게 나눠주는 교과서도 누렇고 질이 안 좋은 종이에 인쇄해서 내용을 알아볼 수 없을 정도였다.

그때의 습관이 배어서인지 지금도 나는 티슈 한 장을 뽑으면 꼭 여러 번 나눠서 쓰고, 노트를 잘 버리지 않고, 끝까지 구석구석을 다 채워 쓴다. 그렇다 보니 5년 전 친구가 준 어느 커피 브랜드의 캘린더 노트를 지금까지도 쓰고 있다. 이면지도 아까워 뭐라도 끄적거리고 나서야 버린다.

노트와 필기도구의 부족은 말할 것도 없고, 세단기, 독서대, 수정 테이프 이런 것들은 꿈도 꾸지 못했다. 그래도 2000년대 이후 중국산

높아지는 소비 욕구

물품이 많이 수입되면서부터 딱풀, 지우개, 가위, 커터 등 다양한 종류의 사무용품들이 시장에서 판매되기 시작했다. 이제는 북한에도 다양한 종류의 필기도구와 사무용품들이 생겨 돈만 있으면 얼마든지 좋은 것을 살 수 있다. 그렇지만 한국산, 중국산, 일본산, 심지어 미국산까지 다양한 국적의 수많은 상품들을 비교하며 골라 사는 한국에 비하면 한참 부족하다. 한국산 상품들이 북한으로 진출할 수 있다면 북한 학생들과 회사원들도 훨씬 더 풍요롭고 재미있는 경험을 할 것이다.

인형

어렸을 적 나의 첫 인형은 동네 언니가 만들어준 것이었다. 보통 하얀 천으로 몸통을 만들고, 단추와 볼펜 등을 이용해 얼굴을 만들었다. 머리카락은 실로 만들었다. 인형이 입을 앙증맞은 옷들을 바느질로 만들어주었는데 옷가지도 다양했다. 그냥 무턱대고 만든 적도 있지만, 가끔은 그림으로 그려 보여주며 어떠냐고 나의 의향을 묻기도 했다. 그때는 그것이 당연한 수순인 줄 알았는데 지금 생각해보면 그 동네 언니의 솜씨와 접근방식이 보통은 아니었던 것 같다.

어느 정도 커서부터는 나도 바느질을 곧잘 했고, 내 손으로 인형 옷을 지어 갈아입히기도 했다. 재미가 쏠쏠했다. 그러나 그건 아무것도 아니었다. 친구가 바비인형을 들고 왔는데, 정말로 사람 같은 인형이었다. 눕혀 놓으면 눈이 감기고 앉히거나 세워놓으면 눈을 뜨는데,

인형의 눈이 정말로 예뻤다. 긴 속 눈썹과 노란 머리 색깔도 정말로 감탄을 자아냈다. 그 이후로는 천으로 동네 언니가 만들어 준 인형을 거들떠보지도 않고 속으로 시시하다고 생각했다.

소학교(초등학교) 때, 부모님과 평양으로 놀러 갔다. 1990년대 중반쯤이었던 그때 북한 돈의 최고 단위는 100원이었던 걸로 기억한다. 초등학생에게는 큰 돈이었다. 100원짜리 한 장을 들고 또래의 사촌과 함께 평양 시내 구경에 나섰다. 고난의 행군이 막 시작되었을 무렵이라 평양시도 넉넉한 분위기는 아니었다. 그래도 평양이라 지방보다는 양호했던 걸로 기억한다. 사촌은 나를 부러워했다. "넌 촌에서 살지만 맛있는 거 많이 먹어서 좋겠다." 나는 속으로 언짢았다. "야, 나도 도시에 살거든, 촌은 무슨" 그러고는 '우리 아빠 엄마가 갖고 온 물고기를 잘만 먹는 주제에'라는 생각을 했다. 사촌이 촌이라고 말한 지역은 바닷가 주변이라 생선이 흔한 편이었다. 평양에서는 비쌌다. 어린 마음에도 촌이라고 무시당하는 것이 싫었지만, 사촌은 오히려 놀란 눈을 둥그렇게 뜨고 내 마음에 쐐기를 박았다. "평양 빼고 다 촌인 거지."

내키진 않았지만, 난 '촌놈'이라 내가 살던 도시보다 몇십 배는 넓어 보이는 평양시에서 사촌이 없이는 곤란했다. 하는 수 없이 침묵을 택하고 그가 이끄는 대로 따라갔다. 건물 구경 도시 구경으로 머리를 기웃 기웃거리던 내 눈에 바비인형이 띄었다. 내가 보았던 친구의 바비인형보다 훨씬 예쁜 옷을 입고 머리는 까만색이라 더 맘에 들었다. 얼른 저기에 들어가자고 하니 또 놀려댄다. "곧 중학생이 될 건데 시시하게 인형을 가지고 놀아?" 난 아주 당당하게 말했다. "넌 형제가 많잖아. 난 혼자라 심심하단 말이야. 잔말 말고 들어가자."

높아지는 소비 욕구

간판이 '기념품 상점'이었던 걸로 기억하는데, 인형을 사고 싶다고 하니 판매원 아줌마가 두 개를 앞에 내놓았다. 하나는 보라색 원피스를 입은 인형이었고, 다른 하나는 핑크색이었다. 정작 인형을 보니 사촌도 구미가 동했던지 자기도 사고 싶다고 했다. 분명 우리는 집을 나설 때 삼촌으로부터 각각 100원씩을 받았다. 보라색 원피스가 훨씬 화려해서인지 70원이었고, 핑크색 원피스를 입은 인형은 50원이었다. 좀 전까지 시시하던 내 사촌은 갑자기 승벽심(勝癖心) 때문인지 보라색을 택했다. 그러고는 얼른 100원짜리 지폐를 내밀었다. 속으로는 어이가 없었으나 생일이 빠른 '내가 양보해야지'라며 큰 선심을 쓰는 양 '그래 네가 먼저 선택해라' 하며 쿨하게 넘겼다. 솔직히 난 핑크색 원피스가 훨씬 맘에 들었다. 똑같은 얼굴임에도 다르게 보였기 때문이다.

인형을 사는 우리 둘을 보며 판매원이 나직이 내뱉었던 말을 지금도 생생히 기억한다. "너희는 잘사는 집안 애들인가보다. 부모님이 외국에 다니시니?" 얄미운 사촌이 또 얼른 끼어들었다. "애는 촌에서 왔어요." 나도 지기 싫었다. "얼씨구, 내가 갖고 온 물고기랑 초콜릿을 잘만 먹더니, 흥, 촌에서 왔어도 맛있는 건 맛있나 보지?" 우리들의 실랑이를 재밌게 바라보던 판매원은 다시 말을 이었다. "너희는 좋은 부모님을 만났구나." 그 말의 의미를 다 알 수 없었다. 아마도 자신의 아이들이나 조카들에게는 인형을 사는 '우리들'처럼 잘 해주지 못한 아쉬움이 있었을지도 모른다.

그때 사온 인형을 20살이 넘도록 간직했다. 옛날처럼 이런저런 옷을 만들고 입히는 재미보다도 그냥 바라보면서 친구처럼 말을 건네기도 하고, 가끔 베개 옆에 나란히 눕히기도 했다.

인형에 얼마나 많은 종류가 있는지는 2000년에 처음 알았다. 한국 드라마가 북한을 휩쓸었고, 드라마 속 연인들이 서로 주고받는 인형은 그야말로 사람만 한 것들이었다. 아마도 한국 드라마를 보지 못했더라면, 그렇게 큰 인형이 존재할 수 있으리라는 것을 상상도 못했을 것이다. 북한에서 살 때는 '조선중앙텔레비죤'과 '로동신문'이 내 주변의 친구와 내가 사는 도시에서 보고 경험할 수 있는 것의 전부였다. 그렇다보니 상상력에도 한계가 있었고, 사고도 경직되어 있는 편이었다. 주변에서 탈북 동기를 물으면 가끔 농담 반 진담 반으로 이렇게 대답한다. "드라마 보고 왔지."

물놀이용품

몇 해 전 북한이 문수물놀이장을 공개했다. 예전에는 보기 드문 광경이다. 북한의 수도 평양, 문수물놀이장을 이용할 수 있는 사람들은 경제적인 여유가 있는 계층임을 감안하더라도 큰 진전이자 발전이다. 중국산이든 북한산이든 그건 별로 중요하지 않다. 북한 사람들이 이제는 보고 경험하고 선택할 수 있는 영역이 넓어졌다는 것에 더 큰 의미가 있기 때문이다.

북한에서는 대부분의 생활을 바닷가 지역에서 보냈다. 학교에 따로 수영장이 있기는 했지만, 관리하기 힘들었던지 늘 빗물만 좀 고여

높아지는 소비 욕구

있거나 텅 비어있었다. 우리는 여름철이면 자주 바닷가로 갔다. 학교 전체가 바다로 피크닉을 가기도 했다. 몇 개 학급씩 수영 수업을 위해 바다로 가기도 했다. 학교 일과가 끝나 집으로 돌아오면 동네 아이들과 또 바다로 갔다. 그때 우리가 들고 나갈 수 있었던 것은 지금 북한이 보여주는 화려한 물놀이용품들이 아니었다. 대개 두 가지였다. 하나는 튜브, 다른 하나는 '물방통'이다. 튜브는 우리가 물놀이 할 때 흔히 사용하는 예쁘고 다양한 모양의 물놀이용품이 아니라, 자동차 타이어 내피인 '튜브'였다. 자동차 겉 타이어는 미끄럼 방지와 내피를 보호하기 위한 두꺼운 재질이고 그 안에 조금 부드럽고 말랑말랑한 고무로 된 튜브가 있다. 이 튜브에 공기를 채우면 팽팽해진다. 북한 아이들은 쓰다 버리는 튜브를 수리해 거기에 바람을 넣어 물놀이용품으로 많이 사용한다. '수리'라 함은 보통 구멍난 곳을 때우는 것을 말한다.

'물방통'은 샘물을 긷기 위해 쓰는 플라스틱 통이다. 물 주입구가 좁고 5리터에서 20리터까지 담을 수 있다. 이 방통을 빈 통째로 들고 바다로 가면 부력이 강해 잘 뜬다. 어떤 아이들은 방통을 두 개씩 들고 나와 수영연습을 하기도 했다. 옛날 가능했던 추억이다. 지금은 국산(북한산), 중국산 물놀이용품이 많아 그런 '창피한'(?) 물건은 들고 다니지 않는다고 하니 북한도 많이 변했다. 다만, 국정가격이 아닌 시장가격이라 부모들의 부담이 크다고 한다. 가정형편이 어려운 아이들은 이런 물놀이용품을 갖기 어렵다. 예전에는 못살고 못 먹더라도 다 같이 비슷한 수준의 생활이었는데, 지금은 수준의 차이가 많아 어려운 친구들이 느끼는 소외감이 훨씬 크다고 한다. 북한의 경제도 하루빨리 개선되어 아이들의 상상력과 즐거움에 그늘이 지지 않았으면 좋겠다.

완구

얼마 전 이사를 한 친구가 '새집들이'에 나를 초대했다. 이제 4살짜리 남자아이 하나를 키우는 친구였는데, 거실에 딱 들어서자마자 깜짝 놀랐다. 거실 한쪽에 자그마한 울타리를 쳐놓았는데 그 공간에는 장난감 버스가 산더미처럼 쌓여있었다. 대한민국의 버스, 아니 전 세계의 버스를 다 모아놓은 것 같았다.

시내버스가 '타요' 버스로 탈바꿈했을 때 엄마들이 아이들의 손을 잡고 구경하러 나왔다는 기사를 봤을 때는 별로 실감을 하지 못했다. 그런데 친구의 집을 방문해보니 아이들의 버스 사랑이 어느 정도인지 짐작할 수 있었다. 감탄하는 나를 보더니 친구는 그건 아무것도 아니라며 다른 방을 보여줬다. 자동차, 오토바이 등의 각종 완구들과 피큐어들 앞에서 나는 입을 다물 수가 없었다. 유난히 버스와 자동차를 좋아하는 아들 때문에 자신의 월급이 다 들어갔다는 친구의 말에 격하게 공감했다.

북한 아이들은 장난감 한두 개만 있어도 부자가 된 듯 좋아한다. 동네 아이들에게 자랑하기도 하고, 함께 어울려 돌려가며 쓰기도 한다. 처음부터 당연하듯 가진 아이들은 사실 잘 못 느낄 수도 있다. 한국의 풍요로움을 접해보지 못한 북한의 아이들에게 이런 환경이 제공된다면 정말로 신기해할 것이다.

북한의 완구는 대개 탱크나 자동보총이 많다. 놀이도 항상 김일성, 김정일이 어렸을 적 즐겨 놀았다는 '군사놀이'다 보니 그런 놀이에 걸

196   높아지는 소비 욕구

맞은 탱크나 총이 필요하다. 그때는 미처 깨닫지 못했지만, 지금 생각해보면 상상의 영역이 싸움이고 전쟁이었다. 한국에서 와서 탈북민들이 다르다고 느끼는 것 중 중요한 것 세 가지를 꼽으라면, 단연 노래방과 개콘 그리고 게임이다.

노래방에 가서 사람들이 부르는 노래를 들으면 그 사람이 북한 출신인지 한국 출신인지 가리기 쉽다. 발성법이 다르기 때문이다. 개그콘서트에는 사회비평과 풍자가 있어 한국의 문화와 각종 이슈들에 대한 이해가 없으면 웃기 어렵다. 게임은 정말 배우기 어렵다. 특히 '몸으로 말하기' 같은 게임 역시 문화 코드가 달라 도무지 이해할 수 없다. 아마도 전투 임무나 어떤 목표를 가지고 해결해야 하는 게임을 한다면 잘 할지도 모르겠다. 북한의 놀이는 어릴 때부터 한국과 다른 점이 많다.

김정은 시대 들어 미키마우스가 공영방송에 등장할 만큼 다양한 문화와 스토리가 공유되고 있는 것은 참 다행스러운 일이다. 북한의 환경은 어렸을 적부터 정해진 틀과 방식으로 경직되어 있다. 그 속에서 공간과 사물을 대하게 된다. 북한의 아이들도 창의력과 유연한 사고가 가능한 환경을 접할 수 있도록 다양한 문화적 교류와 지원을 하는 것이 미래 한반도를 가꾸는 길일 것이다.

가방, 지갑

2000년대 중반, 나는 북한의 지방 한 도시에서 살았다. 문득 '처녀!'라고 부르는 소리에 뒤를 돌아봤다. 처음 보는 얼굴에 '내가 잘 못 들었나'하는 생각이 스치며 돌아서려는 찰나 다시 말을 건네왔다. "그 가방 어디서 샀어요? 너무 멋있어서" 아, 그제야 나는 들고 있던 가방을 내려다보며 나를 불렀던 영문을 알아차렸다. "OO시장 OO매장에서 샀어요" 나의 대답에 말을 걸었던 30대 중후반으로 보이는 여성은 머리를 끄덕이더니 다시 말을 이었다. "아이, 이제는 장마당도 많이 좋아졌구나. 난 외화상점에서 산 물건인 줄 알았어요. 처녀 보는 눈이 있구나야"

내가 살았던 도시엔 당국이 허가한 시장이 두 곳 있었다. 도시를 대략 반으로 나눠 위쪽에 'OO시장', 아래쪽에 'OO시장'이라는 명칭을 사용했다. 이유가 어떻든 칭찬이라 기분이 좋았다. 다시 한번 맘속으로 물건을 잘 고른 스스로를 칭찬하며 가던 길을 갔다.

나는 어렸을 적부터 패션 계통으로는 딱히 흥미가 없었다. 그쪽 방면으로 센스(sense)가 있다는 얘기를 들은 적도 없었다. 그래도 모르는 사람이 나에게 맘에 없는 얘기를 했을 리도 없었을 것이다. 그때부터 입고 쓰는 물건들에 조금 더 신경을 쓰기 시작했던 것 같다. 트랜드 리더는 아니어도 나름 추세에 따라가는 편이었다. 그래도 가방 같은 액세서리에는 둔감했다. 그때까지만 해도 여성들의 귀걸이는 당연히 착용 금지 품목이었고, 목걸이도 단속 대상이었다.

높아지는 소비 욕구

리설주 여사가 각종 액세서리를 하고 등장한 이후 북한 여성들이 귀금속 장식물을 자유롭게 하는 것을 보면서 반가웠다. 한편으론 억울하기도 했다. 물론, 지금 한국에서 실컷 하고 있으니 딱히 억울할 것도 없지만, 그래도 아름다움을 추구하고 한창 멋을 부릴 나이에 북한에서 살았던 것이 아쉽다. 나는 자신의 취향이나 개성을 드러낼 수 있는 물건을 그렇게 많이 갖고 있지 않았다. 초등과 중고등을 거쳐 대학에 이르기까지 모두가 하나같은 교복과 선물로 준 가방을 들고 다녔다. 사회생활을 시작한 이후에는 그나마 선택이 폭이 좀 넓어지긴 했으나 그마저도 깔끔하고 단정한 '사회주의 생활양식'에 어울리는 디자인만을 골랐다. 그래야 마음이 놓였고, 덜 망신스러웠으니까.

비슷비슷한 옷차림을 한 사람들과 어울리다 보니 가끔 유난히 튀는 사람들이 지나가면 모두가 대놓고 쳐다본다. 심지어 어린아이들과 어르신들은 놀리거나 욕도 했다. 아이들은 화려한 옷차림과 화장, 혹은 액세서리를 착용하고 다니는 여성들에게 무턱대고 '바람둥이'라는 말을 한꺼번에 외친다. 상대방이 눈을 부라리며 돌아보면 도망가기 일쑤였다. 어르신들은 '에고~저게 무스거요. 화냥년같이'라는 심한 욕을 아무렇지도 않게 내뱉었다. 지금 생각해보면 참으로 황당하기 짝이 없지만, 그 정도의 욕을 들을 패션으로 무장한 여성들은 눈썹 하나 까닥하지 않고 '촌스러운 노친네들'이라는 말로 응대하며 가던 길을 계속했다.

그때 내 마음에는 두 가지 감정이 존재했다. 우선 멋있다는 생각이 가장 먼저 들었다. 남의 신경을 쓰지 않고 당당하게 자신을 드러내는 자유분방함에 대리만족마저 느꼈다. 다른 한편으로는 '나는 저러지 말아야지. 타인이 말밥에 오르내리는 짓은 하지 말아야지'라는 생각이었다. 북한이라는 경직된 사회에서 '자유분방함'을 추구하는 것은 너무나 위험하고 비용이 많이 드는 일이었다. 굳이 변명하면, 그때 나는 경제학 전공자답게 나름 그 사회에 맞는 사고방식을 가지고 있었다고 말하고 싶다.

북한 사람들은 안감이 빨간색으로 되어있는 지갑을 좋아한다. 그래야 돈이 빨리 회전되고 부자가 될 수 있다고 믿기 때문이다. 누가 지어낸 이야기인지는 모르겠으나, 아마도 중국과의 거래가 많았던 차판장사꾼(주로 국경지역에서 내륙지역으로 대량의 물건들을 도매로 구입해 시장 상인들에게 공급하는 사람)들인 것 같다. 빨간색을 좋아하는 중국인들과 거래한 결과로 나타나는 현상일지도 모르겠다. '돈 많은 중국인'들처럼 되고 싶다는 마음에서 비롯된 것으로 생각하고 싶다. 이제는 10년 전 얘기가 되었다. 지금 북한은 나름 '세련된' '리설주동지'의 패션 감각으로 조금 더 자유롭게 미를 추구하고 드러낼 수 있게 변한 것 같다. 물론, 암묵적인 금기는 여전히 존재할 것이다. 일반 주민들의 패션은 반드시 '원수님 부부'가 보여주는 그 수준 이하여야만 한다.

시계(손목시계, 벽시계)

아주 어렸을 적 일이다. 아빠가 선물 포장을 뜯으셨고, 나는 물건보다 포장지에 눈길이 더 쏠렸다. 처음 접한 '뽁뽁이'였다. 한국에서

높아지는 소비 욕구

도 에어캡(Air cap)혹은 버블랩(Bobble wrap)이라는 말보다는 '뽁뽁이'라는 말을 훨씬 더 많이 쓴다.

충격을 완화하기 위해 부드러운 플라스틱으로 기포를 만든 뽁뽁이를 터뜨리면 묘한 소리가 나면서 재미가 동한다. 소리뿐만 아니라 터뜨릴 때 느껴지는 촉감도 좋다. 아빠 곁에서 지켜보다 얼른 집어 든 뽁뽁이에 나는 손가락을 연신 눌러대며 웃음을 지었다. 지금 그런 행동을 했더라면 분명 귀찮다고 부모님의 지청구(꾸지람)를 들을 터지만, 당시 나는 '어린이'였다. 부모님은 내가 뭘 하든 환한 미소를 지으시던 때라 나는 신나게 뽁뽁이를 터뜨렸다.

그날 이후 친구 집에 놀러 가 보니 우리 집에 걸린 것과 똑같은 벽시계가 있었다. 가끔 다르게 생긴 벽시계도 있지만 그 차이는 네모와 동그라미 정도였다. 어느 집엘 가도 비슷한 디자인의 네모 시계와 동그라미 시계가 있었다. 북한에는 1992년 김정일 위원장 생일 50돌을 기념해 모든 가정에 '선물 벽시계'가 선물로 주어졌다. 북한에서 '선물'이라는 단어는 오직 최고지도자급 사람들에게만 쓰인다. 즉, 김씨부자와 요즘 '리설주 여사'만이 선물이라는 단어를 쓸 수 있다. 그 외에는 모두 '기념품'으로 통칭된다. 생일기념품, 승진기념품, 환갑기념품 등이다. 만약 어떤 물건이나 음식 뒤에 '선물'이라는 단어가 붙으면 반드시 최고지도자가 준 물품이다. 예를 들면 100살 장수자 할아버지가 '생일 선물상'을 받았다면, 그건 자식들의 차려준 생일상이 아니고 '김정은 원수님'께서 주신 것이라는 얘기다.

세월이 흘러 벽시계도 수명이 있는지라 시계를 군이 걸지 않아도 큰 문제는 없었다. 그러나 최소 몇 년은 시계의 품질, 개인 취향과는 상관없이 모든 집에서 선물 벽시계를 걸었다. 태어나 그때까지는 옷도 신발도 친구들과 비슷하게 착용하고 다녔고, 어느 집을 방문해도 비슷한 생활 수준임을 느껴온 터라 어쩌면 똑같은 디자인의 벽시계가 어린 나에게는 오히려 자연스럽게 느껴졌던 것 같다.

사춘기를 겪으며 조금씩 아름다움과 '나다움'에 눈을 뜨기 시작했다. 1990년대 경제위기를 겪으며 북한 사회는 급격하게 변화했다. 우리 집보다 분명히 잘 사는 집들이 눈에 보였다. 반면, 어렵고 힘들게 사는 친구들도 늘어갔다. 그중에는 굶고 학교에 오는 친구들도 있었고, 다양한 이유로 결석하는 친구들도 늘었다. 최소 일주일에 한 번은 학교에 나오지 않은 친구들 집을 방문하여 왜 못 나오는지 확인해 보기도 했다. 결석하는 친구들이 늘어나면서 40명 정도 되는 모든 아이의 집을 방문하기 어려웠던 담임선생님은 학생 간부들을 중심으로 두세 명의 조를 짜 방문하게 했다. 평소라면 관심도 없었을 친구들의 집을 찾았던 것이다.

대부분 어려운 가정형편 때문에 친구들이 결석했다. 식량이나 땔감이 문제였다. 철없던 나는 이해할 수 없었다. 그런 것은 어른들의 문제지 학생으로서 우리는공부에만 신경을 써야 한다고 생각했다. 네 부모님은 왜 아이들에게 그런 문제로 걱정을 하게 하시는지, '참으로 무책임하다'라고 생각했다. 지금 생각해보면 어이없는 생각이다. 다행스럽게도 그런 생각들을 내뱉진 않았지만 어쩌면 내 얼굴에는 이런 속마음들이 드러났을지도 모르겠다. 철없던 시절이라고는 하나 가끔은 그때 어려웠던 친구들을 떠올리게 되면 괜스레 미안해지는 마음이 든다.

높아지는 소비 욕구

초등학교 시절 느꼈던 불평등의 차이가 고등학교 시절에는 더욱 확연하게 드러났음을 인식할 수 있었다. 대학에 진학하자 '끼리끼리' 어울리는 분위기가 형성됐다. 생활 수준이 비슷한 친구들끼리 자연스럽게 어울렸던 것이다. 그런 것이 오히려 편했다. 다행(?)스럽게도 내가 선택한 학과는 재정회계학이었다. 내 또래 세대에 가장 인기가 있는 학과였다. 그래서인지 대부분 넉넉한 경제생활을 누렸다. 아니 넉넉한 것처럼 보이려고 남모르는 모질음을 쓴 사람들도 분명히 있었으리라.

생활 차이는 처음엔 자전거였고, 그다음엔 신발 그리고 손목시계 순이었다. 자전거는 수업 후 거의 매일 하는 사회동원을 위해 이동하는 필수 이동수단이었다. 없는 친구들은 다른 친구의 뒷자리를 얻어타야 했다. 그러려면 친구의 눈치를 살펴야 했다. 여러모로 불편했다. 어떤 대가라도 지불해야 한다. 일본산 중고 자전거는 기본이었다. 그러나 진정한 권력은 신발과 손목시계에 있었다. 누군가 50달러짜리 신발을 신고 오면 적어도 3분의 1도 사서 신는다. 다른 사람과 같은 것을 철저하게 싫어하는 '잘 사는' 유형들은 더 비싼 신발을 신고 온다. 2000년대 중반까지만 해도 '고양이 뿔 내놓고 다 있는 장마당'은 아니었다. 외화상점이나 '외국 출장'이 잦은 친척들이 있는 사람들만 접할 수 있는 '물 건너온 특별한 물건'들이 있었다.

남들이 안 신는 신발, 남들이 구입할 수 없는 시계를 착용하는 것이야말로 은밀한 권력이었다. 세이코는 나름 나쁘지 않은 수준이었고, 롤렉스도 착용하는 친구가 나타났다. 나에게는 그야말로 '넘사벽'이었다. 남모를 질투를 느낄 때면 괜스레 명언집을 뒤적거리며 위안을 삼았다. "좋은 사람은 시간을 아끼지만 위대한 사람은 시간을 지배한다." "그래, 롤렉스를 살 수 없으면 시간이라도 제대로 지배해야지....."

손톱깎이 세트

탈북민들이 한국 생활을 하면서 갖게 되는 한국에 대한 애정은 어쩌면 한국에서 태어난 사람들보다 더 각별할 수도 있다. 예전에 살았던 북한과 비교해보면 너무나도 좋은 점이 많기 때문이다. 요즘 우리 사회에서 '라떼'로 대변되는 세대 차이와는 비교가 안 될 정도다.

20대 초반 어린 나이에 북한을 떠나 이젠 곧 50을 바라보는 지인 한 분을 알고 있다. 이분의 한국 사랑이 참으로 각별하다. 특히, 손톱깎이에 관한 얘기를 할 때 나도 모르게 격한 공감이 일었다. 수십 년째 한국에 살고 있는데, 정착 초기 선물로 받은 손톱깎이 세트를 여전히 사용하고 있다. 지금도 새것처럼 성능이 좋기 때문이라는 것이다. 나도 동네 교회에서 교회 로고가 새겨진 손톱깎이 세트를 받은 적이 있다. 지금도 잘 쓰고 있다. 아마도 10년 이상은 문제없이 사용할 수 있을 것 같다. 한국의 손톱깎이는 세계 일류 상품이라고 하더니 과연 이름값을 하는 것 같다.

아주 어렸을 적 엄마는 내 손톱을 가위로 잘라주셨다. 얇고 부드러운 어린이의 손톱이라 잘 잘렸던 것 같다. 그러나 어른들의 손톱은 딱딱해져 가위로 자르기가 쉽지 않았을 것으로 기억한다. 북한에서는

높아지는 소비 욕구

밤에는 손톱을 자르지 않는 관습이 있다. 밤에 손톱을 자르면 도둑이 든다느니, 혹은 안 좋은 일이 생긴다느니 이야기를 한다. 그래서 꼭 낮에 자르도록 했다. 지금 생각해보면 잘린 손톱이 튕겨버렸을 때 쉽게 찾을 수 없고, 또 늦은 밤 어두운 조명 밑에서 자르다 자칫 손이라도 상할까 염려되어 만든 이야기일 수 있겠다. 여하튼 어렸을 적 들은 이야기여서인지, 아니면 몸에 배어서 그런지 지금도 늦은 밤에는 손톱을 깎지 않는다.

1990년대 중반 이후에는 가위보다 손톱깎이를 더 많이 사용했는데, 날이 금방 무뎌지곤 했다. 특히, 손톱깎이 손잡이 뒷면에 큐티클(cuticle)을 정리하는 면이 아주 부실해 제 기능을 하지 못했다. 그러다가 2000년대 중후반 친구가 쓰는 손톱깎이 세트를 보고 감탄한 적이 있었다. 모양도 예쁘고 손톱도 아주 잘 깎였다. 나의 감탄에 친구가 으스댔다. "그거 물 건너 온 거야" "하 역시!" 친구의 일본산 손톱깎이와 함께 온 부드러운 깃털이 달린 귀이개도 참 탐이 났었다. 지금 생각해보면 여럿이 돌려 쓰는 것이 비위생적일 수도 있지만, 그때는 처음 보는 신기한 물건에 너도나도 한 번씩 돌려가며 써봤다.

북한에는 지금도 손으로 하는 노동이 많다. 바깥일이나 집안일이나 마찬가지다. 그러다 보니 손을 곱게 관리하는 것도 사치인 사람들이 대부분이다. 특히, 농장원들과 같이 종일 농사일에 시달리다 보면 손톱을 깎을 필요도 없이 닳아버린다. 북한에는 해마다 '농촌지원'이라 불리는 전국적인 노력동원 기간이 있다. 누구도 예외가 될 수 없다. 보통 4월 말이나 5월 초에서 6월 중순이나 말까지 이어진다. 한두 달 남짓한 이 기간동안 중학교 2학년 이상의 학생들과 대학생들, 전국의 모든 회사원과 노동자들이 농사짓기에 동원된다. 전력과 기름이 부족해 대부분 농사일이 인력에 의존한다. 농촌지원을 갔다 오면 얼굴과 팔다리가 까맣게 그을리고 상처가 나 있다. 특히, 손톱은 손톱용 토시를 사용해도 한 달이면 다 닳아버려 심한 경우 손끝이 빨갛게 상처도 생기곤 한다.

농촌지원 기간 다른 방식(물질적 지원)으로 대체하고 집에서 편안히 보낸 일부 동기들을 몹시 부럽게 생각한 적이 있었다. 지금 생각해보면 유치하나 너무나 부러워 부모님에게 조른 적도 있었다. '나도 농촌지원에서 빠져서 한 달만 집에서 놀면 거머리에 다리가 뜯겨 흉이 지지도 않을 것이고, 손톱도 닳지 않을 것인데 엄마 아빠가 뭐라도 해달라'고 떼를 썼다. 어린 내 눈에 우리 집도 그 정도 '능력'은 있을 것이라는 믿음도 있었다. 부모님은 '그런 특혜를 바라는 것은 바람직하지 않다'고 딱 잘라 말씀하셨다.

그때 상황이 얼마나 서운했던지 여태껏 기억하고 있다. 어느 날 엄마에게 다시 그 얘기를 꺼냈다. "그때 말이야, 북한에 있을 때 말이야. 왜 나를 농촌지원에서 한 번도 빼주지 않았어? 나 친딸 맞어?" 농담 반 진담 반 능청스럽게 말을 꺼냈더니 오히려 놀랍다는 표정으로 말씀하신다. "왜 신경을 안 썼겠어. 당연히 선생님을 만나 사업을 하려고 했지, 근데 넌 초급단체비서(북한 학교에서 각 학급의 청년동맹 책임자, 초급단체 비서 혹은 초급단체 위원장 아래 학급반장이 있음)라서 안 된다고 하더라. 그래서 그냥 내보낸 거지." 엄마는 당신께서 할 일을 당당히 하셨다며, 미안함이라고는 티끌만큼도 느껴지지 않는 얼굴로 나를 바라보셨다. "그래? 역시 울 엄마네. 내가 오해했었구나. 나 친딸 맞네."

높아지는 소비 욕구

지금 생각해보면 혹여 부모님이 사회적 동원에서 빼줄 능력이 된다고 해도 이건 부모님의 문제가 아니었다. 공부할 나이의 어린 학생들을 농사일에 동원시켜야만 하는 북한 자체가 문제다. 여하튼 가능하다면 한 트럭 가득 손톱깎이 세트를 북한에 보내주고 싶다.

에필로그

이 책은 북한의 변화를 담고 있다. 지금 일어나고 있는 실생활의 변화다. 듣고 보고 생활한 북한의 일상이다. 이 책을 읽은 독자들은 그런 변화가 과연 있을까 하는 생각을 가지게 했을지도 모르겠다. 한 가지 북한의 변화 속에 확실하게 다가오는 것은 다름 아닌 북한 사람들의 마음속에 한국이 들어가 있고, 한국산 제품에 마음을 담고 있다는 것이다. 중국산이나 다른 어느 제품에 비해 우수한 것임을 그들은 잘 안다. 몸으로 체화되어 있기까지 하다. 좀 더 자유롭게, 좀 더 편하게 북한을 방문하고, 친지들을 만날 수 있다면 그들은 자기들의 그러한 속마음을 이내 드러낼 것이다. 한국에 와서 생활하고 있는 우리들이 마음 놓고 북쪽을 찾을 수 있을 때 한민족의 통합은 물론, 통일의 굳건한 바탕이 될 수 있다.

이 책은 동시에 진한 그리움을 담고 있다. 어릴 적 추억과 되돌리고 싶은 기억들을 담고 있다. 그 기억들이 이상하리만큼 강하게 남는다. 뇌리에 남겨진 모든 것이 사라지지 않는 것은 그 그리움이 안타까움으로 존재하기 때문이다. 살았던 곳으로 갈 수 없는 안타까움만이 아니라 멈춰서 있는 남북관계에 대한 안타까움이다. 남겨진 그들에게 한없이 미안한 마음은 차라리 현재의 상황을 바꾸고 싶은 강렬한 소망이다.

북쪽을 협력으로 연결하고 싶다. 우리가 살아있을 동안 해야 할 일이라는 생각을 한다. 그래서 희망을 가진다. 우리 가족과 친구, 지금도 그곳에 살고 있는 우리 동네 사람들이 우리가 누리는 풍요롭고 자유로운 삶을 함께할 수 있는 그 날이 반드시 올 것이라고 믿기를 바란다.

북쪽 사람들이 행복한 삶을 누릴 수 있도록 한국 기업들이 길을 열어주기 바란다. 경제협력을 실질적으로 이끌어갈 주체는 기업이다. 하루빨리 북한에 진출할 수 있었으면 한다. 반드시 성공할 수 있도록 그런 바탕을 지금부터 만들어야 한다. 이 책을 쓴 우리 모두는 그 때 멋진 길잡이가 되고 싶다.

에필로그

메이드 인 코리아, 북한을 휩쓸다

초판 1쇄 인쇄 | 2021년 9월 1일
초판 1쇄 발행 | 2021년 9월 5일

지은이 | 김영희, 강미진, 김수연, 정은찬, 장혜원, 현인애
펴낸이 | 조승식
펴낸곳 | (주) 도서출판 북스힐
등록 | 제 22-457호
주소 | (01043) 서울시 강북구 한천로 153길 17

전화 | 02-994-0071
팩스 | 02-994-0073
홈페이지 | www.bookshill.com
이메일 | bookhill@bookshill.com

값 12,000 원
ISBN 979-11-5971-363-7